Franz Mehring

Herr Hofprediger Stöcker der Sozialpolitiker
Eine Streitschrift

ISBN/EAN: 9783743392465

Hergestellt in Europa, USA, Kanada, Australien, Japan

Cover: Foto ©ninafisch / pixelio.de

Weitere Bücher finden Sie auf **www.hansebooks.com**

Herr Hofprediger Stöcker
der
Socialpolitiker.

Eine Streitschrift

von

Franz Mehring.

Bremen.
C. Schünemann's Verlag.
1882.

Vorbemerkung.

Ueberhäuft mit dringenden Arbeiten, dachte ich in den letzten Monaten an alles andere eher, als an eine Einmischung in die politischen Tageskämpfe. Nichts in der That konnte mir ungelegener kommen. Nur meine staatsbürgerliche Pflicht, am 27. October dieses Jahres einen Stimmzettel abzugeben, bewog mich zu einer etwas genaueren Prüfung der „antifortschrittlichen" Wahlbewegung in Berlin. Habe ich doch nicht erst seit gestern und heute manchen Span mit der hiesigen Fortschrittspartei gehabt und wenn ich sie auch nicht „glühend hasse", wie mich dessen Ludolf Parisius in seiner Geschichte der Fortschrittspartei beschuldigt, so kann ich doch allenfalls verstehen, wie ein so eifriger Fortschrittsmann auf einen so übertriebenen Verdacht kommen konnte. Leider führte mich mein Studium der „antifortschrittlichen" Wahlbewegung zu dem unerfreulichen Ergebnisse, daß sie ein völlig grund-, sinn- und zweckloses Treiben sei, welches in seinen letzten Zielen unser noch unfertiges Parteileben nicht klären und reifen, sondern in seine allerschlimmsten Uranfänge zurückwerfen müsse. Um mich von diesem häßlichen Eindrucke zu befreien, schrieb ich ein warnendes Wort nieder, das ich nicht einmal in einem hiesigen Blatte, sondern in der „Weser-Zeitung" veröffentlichte, die bekanntlich in Bremen erscheint und in Berlin nicht so stark verbreitet ist, als daß ich den Ehrgeiz hätte haben können, auf diesem Wege die Stimmung in unserer Millionenstadt irgendwie zu beeinflussen.

VI

In diesem Aufsatze sprach ich von den „antifortschrittlichen" Candidaten mit demjenigen Maße von Respect, welches sie nach ihren Reden und Thaten verdienen, beispielsweise von Herrn Professor Wagner mit großer, von Herrn Hofprediger Stöcker nur mit durchaus gemäßigter Hochachtung. Das scheint diesen Herrn verdrossen zu haben, denn er sowohl, wie sein publicistischer Schildknappe, Herr Prediger Engel vom „Reichsboten", ließen eine Flut gemeiner und schmutziger Schimpfworte gegen den Verfasser des in der „Weser-Zeitung" veröffentlichten Artikels auslaufen. Darüber wunderte ich mich zwar insofern, als ich es für unmöglich gehalten hätte, daß christliche Geistliche und gebildete Männer sich mit Ausdrücken besudeln könnten, wie sie sonst nur Fischweiber gebrauchen, aber mich persönlich kümmerte es ganz und gar nicht, denn noch von der Zeit der socialdemokratischen Presse her war ich es gewöhnt, aus den Gehrichtwinkeln der Tagespolitik als ein grundschlechter Kerl angeschrien zu werden, und ich habe mich in der That nie bemüht, in diesen Gegenden eine bessere Meinung über mich zu verbreiten. Wenn ich trotzdem in der „Weser-Zeitung" nochmals auf die Sache zurückkam, so geschah es aus einem andern Grunde. Ich hatte den erwähnten Aufsatz wirklich nicht für ein so welterschütterndes Ereigniß gehalten, um seinetwegen die in der deutschen Presse nun einmal übliche Namenlosigkeit zu durchbrechen, um so weniger, als er unter einem Briefzeichen erschienen war, welches für halbwegs kundige Leser meine Urheberschaft hinlänglich deutlich verrieth. Die Herren Stöcker und Engel hielten es aber für angezeigt, dem ihnen mißliebigen Verfasser deshalb Mangel an Muth vorzuwerfen — sie gebrauchten natürlich einen viel gemeineren Ausdruck —, Herr Stöcker verstieg sich sogar zu einer Drohung mit gerichtlichen Klagen und so bat ich die „Weser-Zeitung", mir unter meinem vollen Namen den Nachweis zu gestatten, daß Herr Hofprediger Stöcker die Arbeiter geflissentlich täusche, indem er ihnen vorrede, 1) sein sociales Programm sei wesentlich durch den Reichskanzler angenommen und 2) dies Programm habe zwar nicht in allen einzelnen, wohl aber in allen wesentlichen Punkten die Zustimmung berühmter Nationalökonomen, wie Scheels und Laveleyes gefunden. Diesen Nachweis führte ich quellenmäßig, in sachlich-ruhigem Tone, ohne auch nur den Schatten eines jener Gossenworte zu beschwören, in welchen die Herren Stöcker und Engel mir gegenüber schwelgten. Woraus ich mir natürlich keinerlei Verdienst machen will; meine guten Sitten sind eben nur zu fest gewurzelt, um durch böse Beispiele alsbald erschüttert zu werden.

Darauf begann die Sache den beiden Herren ungemüthlich zu werden; Herr Engel verschwand ganz vom Schauplatze und Herr Stöcker brannte zunächst zwar noch eine neue Salve von niedrigen Schmähungen ab, aber da dieselben nicht mehr recht selbst bei seinen Hörern verfangen wollten, verhieß er ihnen, in einem besonderen Flugblatte meine Einwände zu widerlegen. Wer war gespannter, als ich! Da Vorsicht der beste Theil der Tapferkeit nicht nur bei Falstaff, sondern auch bei Stöcker ist, so erschien dies Flugblatt erst am Vorabend des Wahltags, d. h. als mir jede rechtzeitige Duplik abgeschnitten war. Und es enthielt außer den unglaublichsten Schimpfreden, in welche ich mich diesmal mit Baumgarten und Virchow zu theilen die Ehre hatte, betreffs meiner sachlichen Darlegungen nichts, aber auch gar nichts anderes, als das kahle und nackte Wort, dieselben seien „Lügen". Nunmehr entschlossen, den Verleumder zu züchtigen, wie er es verdiente, ersah ich aus den hiesigen liberalen Morgenzeitungen des 27. October, daß diese mir theils fremd, theils feindlich gegenüberstehenden Blätter die unangenehme Aufgabe schon hinlänglich kräftig vollzogen hatten und so widerstand es mir aus Gründen, die ich anständigen Leuten nicht näher auseinanderzusetzen brauche, einen solchen Gegner nochmals anzufassen.

Der geneigte Leser verzeihe mir diese kurze Auseinandersetzung eines unerquicklichen Handels. Im Begriffe, eine Schrift über Herrn Stöcker zu veröffentlichen, hielt ich es für eine Pflicht der Ehrlichkeit, mein persönliches Verhältniß zu dem Manne nicht zu verschweigen. Eben deshalb habe ich diese Blätter auf dem Titel eine „Streitschrift" genannt. Je offener ich aber nach dieser Richtung bin, um so mehr muß ich mich gegen den Verdacht verwahren, einen persönlichen Streit in den nachfolgenden Ausführungen fortsetzen zu wollen. Ich meinerseits bin persönlich mit Herrn Stöcker fertig, ganz und gar fertig; ich müßte weniger Ehrgefühl und Lebensart besitzen, als ich zu besitzen hoffe, wenn ich ihn nach seinem oben geschilderten Verhalten gegen mich noch mit einem Gefühle persönlichen Hasses beehren wollte. Auch beabsichtige ich mit dieser Schrift keinerlei Einwirkung auf ihn; so viel größere Geister, als ich, haben bei ihm vergebens dahin gezielt, wo seine Ehre und sein Gewissen zu treffen sein möchten, als daß ich mich an die Lösung dieses anscheinend unlöslichen Räthsels wagen sollte.

Vielmehr entstand diese Schrift aus andern Erwägungen. Meine Aufsätze in der „Weser-Zeitung" hatten mannigfache Anerkennung gefunden und ich wurde von vielen Seiten gebeten, in einem etwas tieferen und weiteren Zusammenhange, als der verhältnißmäßig doch nur enge Rahmen selbst einer großen Tageszeitung gestattet, Ursprung, Wesen und Ziele der christlich-socialen Parteiagitation zu beleuchten. Aeußerst beschränkt in meiner Zeit, namentlich durch eine größere, wissenschaftliche Arbeit über die pariser Commune beansprucht, deren Vollendung ohnehin durch tausend Hindernisse sich weit länger verzögert hat, als mir irgend lieb ist, lehnte ich anfangs die betreffenden Aufforderungen ab; als ich aber nach einer Durchsicht meiner Sammlungen zur socialen Bewegung unserer Zeit mich überzeugte, daß die Arbeit binnen kurzer Frist zu erledigen sei, glaubte ich vielen ehrlichen Leuten einen kleinen Dienst zu erweisen, wenn ich sie unternähme.

Allerdings, da die chriſtlich-ſociale Partei im ſtrengen Sinne des Worts weder Grundſätze noch auch eigentlich Mitglieder, ſondern nur einen Führer hat, mußte ich mich vorwiegend mit Herrn Hofprediger Stöcker beſchäftigen. Indeſſen habe ich ihn durchaus nur als ſocialpolitiſchen Typus gefaßt; all den kleinlich-perſönlichen Klatſch und Kram, der ſich im Laufe erbitterter Kämpfe an ſeine Perſon gehängt hat, verſchmähe ich zu berühren. Auch habe ich ausdrücklich alle mildernden Umſtände hervorgehoben, die ich in ſeinem öffentlichen Wirken entdecken konnte. Gern hätte ich auch ſeinen prieſterlichen Charakter unerwähnt gelaſſen, doch hat er ſelbſt ſeinen Gegnern dieſe Rückſicht abgeſchnitten, da er gerade aus ſeinem geiſtlichen Amt den Beruf zu ſeiner ſocialpolitiſchen Agitation geſchöpft haben will, unter Anderm auch noch jene am Vorabend des Wahltags veröffentlichte Schmähſchrift als „Hofprediger" unterzeichnet hat. Will der Hofprediger nicht mit dem Agitator behelligt werden, ſo mag erſt der Agitator den Hofprediger in die Taſche ſtecken. Aber — um von vornherein die üblichen Verdächtigungen des Herrn Stöcker und ſeiner Steifleinenen abzuſchneiden — nichts auf der weiten Welt iſt mir gleichgiltiger, als die Frage, ob er Hofprediger iſt oder nicht. Sollten wirklich einzelne ſeiner politiſchen Gegner, wie er behauptet, ſeine vorgeſetzte Behörde gegen ihn angerufen haben, ſo ſtehe ich meinerſeits nicht an, eine derartige Taktik politiſch unklug und ſittlich verwerflich zu nennen; die unbeſtreitbare Thatſache, daß die kirchlich-politiſche Reaction, deren Banner Herr Stöcker trägt, immer ſchamlos genug geweſen iſt, ihre Gegner auch um ihre amtliche oder bürgerliche Berufsſtellung zu bringen oder bringen zu wollen — ich erinnere nur an die Fälle Waldeck, Phillipps, Biegler und wie viele andere! — ſollte ehrliche Leute nur noch mehr abhalten, dieſen ſchmutzigen Pfad zu betreten. Mit einem Worte: wenn der Anlaß dieſer Schrift ein perſönlicher iſt, ſo ſoll ihr Zweck ein durchaus ſachlicher ſein; in der kritiſchen Beleuchtung der öffentlichen Wirkſamkeit, welche Herr Stöcker entfaltet, will sie eine Reihe sachlicher Gesichtspunkte schärfer hervortreten lassen, welche unsere augenblickliche, politische Entwicklung beherrschen, aber im Drang und Sturm der Tageskämpfe vielleicht nicht überall genügend beachtet werden. Wendet man mir ein, daß sich an einem Manne, wie Herrn Stöcker, irgend ernstere Gesetze der geschichtlichen Entwicklung nicht aufzeigen ließen, so berufe ich mich einfach auf die moderne Naturforschung, die gerade an Organismen sehr niedrigen Ranges die wichtigsten Entdeckungen der physischen Entwicklung gemacht hat. Und somit werden hoffentlich einsichtige und unbefangene Leser an dieser Schrift keinen pamphletarischen, sondern einen wissenschaftlichen Charakter entdecken, mögen übrigens die Ergebnisse ihrer Beweisführung haltbar sein oder nicht.

Berlin, im November 1881.   F. M.

Inhalts-Verzeichniß.

	Seite.
Vorbemerkung	V— X
I. Die socialpolitischen Leistungen der liberalen und der conservativen Partei	1— 12
II. Die socialen Aufgaben der Kirche	12— 23
III. Das Satyrspiel der Socialdemokratie	23— 31
IV. Was Herr Stöcker von dem christlich-socialen Programm ausführt	32— 38
V. Eine kurze Einschaltung über das Reichsunfallversicherungsgesetz	38— 54
VI. Was Herr Stöcker von dem christlich-socialen Programm nicht ausführt	54— 63
VII. Die Judenfrage	64— 76
VIII. Die jüngste Wahlbewegung in Berlin	76— 95
IX. Herr Stöcker der Demagoge	95—104

# I.
Die socialpolitischen Leistungen der liberalen und der conservativen Partei.

Vielleicht giebt es in unseren öffentlichen Erörterungen kein gebräuchlicheres Schlagwort, als die Behauptung, daß die politischen Parteien im deutschen Reiche durch sociale Fragen mehr und mehr zersetzt würden. Wie die meisten Gemeinplätze, enthält diese Ansicht einen richtigen Grundgedanken in unrichtiger Form. Nicht die socialen Gährungsstoffe zersetzen fertige politische Parteien, sondern die bestehenden Parteien vermögen die socialen Fesseln nicht oder doch nicht gründlich und schnell genug abzustreifen, um sich als wahrhaft politische Parteien auszugestalten. Mit andern Worten: ihnen stecken die mittelalterlichen Rückstände von Klassen- und Standesinteressen noch zu tief in den Gliedern, als daß sie rein nach allgemeinen, durch logische Schlußfolgerung gewonnenen Grundsätzen die allgemeinen Interessen des Staats wahrnehmen könnten. Wenn nach Niebuhr die Parteien auf Gleichheit der Gesinnung, die Factionen auf Gleichheit der Interessen beruhen, so haben wir noch nicht reine Parteien. Ueberblickt man die vier großen Hauptströmungen des europäischen Parteilebens, die conservative, clericale, liberale und socialdemokratische, so sind in den drei ersten — im deutschen Reiche glücklicher Weise viel weniger deutlich, wie in manchem anderen Staate, aber immerhin noch deutlich genug — die vielfach schon verwischten, aber in ihren allgemeinen Umrissen noch sehr erkennbaren Abbilder der drei mittelalterlichen Stände zu erblicken, während die vierte unverhüllt dem vierten, erst durch die Entwicklung der modernen Gesellschaft geschaffenen Stande die ausschließliche politische Gewalt zu erobern sucht. So hat der moderne Culturstaat die Brüche und Risse noch nicht ausgeglichen, welche die Vergangenheit in seinem Gefüge zurückgelassen hat und schon droht ihn eine schmerzensreiche Zukunft mittendurch zu zerreißen in eine „reactionäre" und eine „revolutionäre Masse"; aus diesem unseligen Zwiespalte entfließen alle schweren Wehen der Gegenwart.

Untersucht man, welche von jenen vier großen Parteirichtungen im deutschen Reiche sich am meisten dem Ideale einer politischen Partei nähert, so ist es unstreitig die liberale. Die bürgerliche Freiheit, die Befreiung der Arbeit von allen Fesseln, die Gleichheit aller Bürger vor dem Gesetze, kurzum liberale Grundsätze sind es, auf denen der moderne Rechtsstaat sich aufbaut; niemals hätte Deutschland den Rang erobert, den es unter den europäischen Culturvölkern einnimmt, ohne die mächtige Gedankenarbeit der liberalen Weltanschauung. Selbst die Gegner, wie heftig sie die liberale Partei befehden, wollen doch selbst alle „liberal" sein; sogar wider Willen huldigen sie dem liberalen Gedanken. Wenn die Reactionäre behaupten, der Liberalismus erzeuge nothwendig die Socialdemokratie, und wenn die Socialdemokraten wieder sagen, er verleugne seine eigenen Grundsätze, sobald sie den Arbeitern zugute kämen, so sind diese Vorwürfe zwar ungerecht und sie essen sich obenein, wie die berühmten Löwen, gegenseitig auf, aber unwillkürlich leuchtet aus ihnen das Anerkenntniß hervor, daß der liberale Horizont nicht blos einen Theil des Volks, sondern das ganze Volk umspannt. Allein man darf deshalb nicht übersehen, daß die Gedanken nicht vom Himmel schneien, sondern in menschlichen Köpfen entstehen, wachsen, sich entwickeln. Und da der liberale Gedanke aus dem „dritten Stande" geboren ist, aus der besitzenden und gebildeten Bevölkerung der Städte, aus den Trägern des beweglichen Besitzes, so droht freilich auch ihm immer die Gefahr, daß die Klassen- und Standesinteressen dieser Volkstheile seine grundsätzliche Reinheit fälschen und verderben. Diese Gefahr nicht genügend vermieden zu haben, ist die beklagenswerthe Thatsache, welche den Niedergang der liberalen Parteien verschuldet hat.

Selbstverständlich soll damit nicht die uferlose Flut von Anklagen und Beschuldigungen, die sich von allen Seiten gegen die liberale Weltanschauung heranwälzt, ohne Weiteres zugegeben werden. Ganz im Gegentheil! Es wird immer ein unvergeßlicher Ruhm der liberalen Parteien bleiben, die wirthschaftliche Gesetzgebung namentlich in den sonnigen Tagen des Norddeutschen Bundes geschaffen, eine langgestundete Schuld an die arbeitenden Klassen der Nation abgetragen zu haben. „Freizügigkeit und Gewerbefreiheit," sagt Lassalle, „sind Dinge, welche man in einem gesetzgebenden Körper stumm und lautlos decretirt, aber nicht mehr debattirt".*) Nichts thörichter, als gegen diese Reformen zu eifern; nichts tragikomischer, als die reactionäre Einbildung, der Liberalismus habe in seines Herzens Schlechtigkeit und seines Sinnes Thorheit eine Reihe von Gesetzen willkürlich ersonnen, um die herrliche Ordnung der alten guten Zeit umzustürzen. Thatsächlich kann eine Gewerbegesetzgebung, die nicht nur ein papierener Traum bleiben, sondern praktisch durchführbar sein will, sich immer nur auf geschichtlich gewordenen Verhältnissen aufbauen. Sie schafft nichts, sondern sie bestätigt nur. So ist die deutsche Gewerbeordnung nach ihrer allgemeinen Grundlage nicht sowohl eine Maßregel der gesetzgebenden Factoren, die so, aber auch anders hätte durchgeführt werden können, sondern ein Ergebniß geschichtlicher Nothwendigkeit, an dem zu rütteln aller menschliche und insbesondere auch aller reactionäre Witz zu schwach ist.

Deshalb bleibt die Gewerbeordnung freilich immer nur Menschenwerk. Man kann wohl unzweideutig den allgemeinen Gang einer weltgeschichtlichen Entwicklung erkennen, aber bei der unendlichen Langsamkeit solcher Weltwenden, in denen Jahrzehnte kaum wie Tage zählen, kann man nicht in jedem Augenblicke bestimmen, wie weit sie schon gediehen sind, was noch gesund und was schon krank ist. Nur zu lange waren wir in der gesetzlichen Regelung unserer gewerblichen Verhältnisse hinter ihrer geschichtlichen Entwicklung, hinter andern Culturländern, wie Frankreich und England, zurückgeblieben; die drängende Nothwendigkeit zwang, bei vielfach noch mangelhafter Erfahrung schnell und umfassend zu arbeiten. Zudem spitzen sich in großen Gedankenkämpfen die gegnerischen Anschauungen leider immer zu Extremen zu; sie müssen es sogar, denn gegenüber der hartnäckigen Schwerfälligkeit, welche uralt gewurzelte Einrichtungen zu entwickeln pflegen, vermag eine reformatorische Umwälzung sich gemeiniglich nur durchzusetzen, wenn sie sich selbst mit harter Einseitigkeit als unbedingt berechtigt, die entgegenstehende Ueberzeugung als unbedingt verwerflich betrachtet. Der nothwendige und wohlthätige Kampf gegen das unhaltbare Zunftwesen ließ nur zu leicht die Thatsache übersehen, daß die mittelalterliche Zwangsinnung, wie jede Einrichtung, welche den Stürmen der Jahrhunderte getrotzt hat, ursprünglich einen vernünftigen Kern gehabt hatte: den Rechtsschutz nämlich, welchen sie ihren Mitgliedern verlieh.

---

*) Offenes Antwortschreiben 7.

Ganz zwar ist diese Seite der Sache nicht vergessen worden; die neue Gewerbeordnung legte schon die Grundlagen der Fabrikgesetzgebung. Aber man erkannte allerdings nicht genügend, wie weit der freie Arbeitsvertrag über die Grenzen des reinen Privatrechts hinausragt, wie viele greifbare Berührungspunkte er bezüglich der socialpolitischen Gestaltung der arbeitenden Klassen mit dem öffentlichen Rechte hat, wie weit im Interesse der wirklichen, von realem Inhalte erfüllten Freiheit das Gebiet der abstracten und nur formalen Freiheit einzuschränken ist. Genug, man übersah die lange Reihe socialer Reformen, durch welche der freie Arbeitsvertrag erst wirklich frei und dadurch zu einer Quelle des Segens für Arbeitgeber wie Arbeiter wird. So half man leider die socialdemokratische Agitation aus dem Schoße der arbeitenden Klassen entbinden. Lesen wir heute die stenographischen Berichte über die Verhandlungen des norddeutschen Reichstags von 1869 nach und sehen wir, daß die socialdemokratischen Abgeordneten v. Schweitzer und Genossen als ihre Verbesserungsanträge zur Gewerbeordnung nur forderten: Gesetzliche Regelung des Genossenschaftswesens; Einführung von Fabrikinspectoren; einen zwölfstündigen Normalarbeitstag für Männer, einen zehnstündigen für Frauen; Arbeitsverbot für Kinder unter vierzehn statt unter zwölf Jahren; endlich eine fortlaufende Statistik über Arbeiterverhältnisse, so verstehen wir nicht mehr, weshalb durch ernstes Eingehen auf diese Forderungen, die theilweise ja schon jetzt erfüllt sind, nicht der damals immerhin noch mögliche Versuch gemacht wurde, die radicale Arbeiterpartei auf nationalem Boden zu erhalten. An diesen Verfehlungen trug der Liberalismus nicht allein, aber auch die Schuld; die übrigen Parteien haben ihm darin ganz und gar nichts vorzuwerfen. Aber da die segensreichen Fortschritte der Gewerbegesetzgebung vorzugsweise seiner freudigen und kräftigen Initiative zu danken sind, so scheint er nach einem sehr ungerechten, aber stets wiederkehrenden Gesetze der Geschichte auch vorzugsweise die Verantwortung für ihre Fehler tragen zu sollen.

Immerhin waren diese Mißgriffe bei der ganzen Lage der Dinge erklärlich, bis zu einem gewissen Grade selbst unvermeidlich und deshalb verzeihlich; was aber vermeidlich und deshalb unverzeihlich war, das war der sinnlose Götzendienst, den ein verhältnißmäßig kleiner, auch geistig nicht eben hervorragender, aber sehr lauter und rühriger Theil der liberalen Parteien mit den dürren und geistlosen Formeln des heiligen Dogmas von Manchester trieb. Dadurch ist ein gradezu unermeßlicher Schaden angestiftet und selbst in dem Geiste gutgläubiger Gegner der Wahn großgezüchtet worden, als seien der deutsche Liberalismus und die englische Manchesterschule gleichbedeutende, organisch zusammengehörige, unzertrennliche Erscheinungen. Nichts ist falscher. Zwischen beiden Dingen gähnt eine weltweite Kluft. Die e i n e geschichtliche Thatsache beweist es schon, daß bei allen socialen Reformen, welche das Deutschland des neunzehnten Jahrhunderts gesehen hat, immer der liberale Gedanke als Retter in der Noth angerufen ist, auch wenn sie von conservativen Staatsmännern ausgeführt wurden; eine Ausnahme bilden einzig die neuesten Versuche des Reichskanzlers und — sie sind nicht gelungen. Der altpreußische Liberalismus insbesondere leitet sich geistig weit mehr aus dem allgemeinen Landrechte, als aus der französischen Revolution her und will man das allgemeine Landrecht mit heutigem Maßstabe messen, so muß man sagen, daß sein Staat alles andere eher ist, als ein Nachtwächterstaat.*) Selbst die eingefleischtesten Freihändler haben vor zehn oder fünfzehn Jahren dringend vor dem dialektischen Becherspiel mit dem Grundsatze des Gehenlassens gewarnt, einem geistigen Müssiggange, der politisch ebenso gefährlich, wie aesthetisch und literarisch nicht einmal besonders geschmackvoll war.**) Leider

---

*) Es wäre eine lohnende Aufgabe, einmal den Einfluß des allgemeinen Landrechts auf die Entwicklung des deutschen Liberalismus eingehend zu behandeln; sogar ausländische Denker wie Tocqueville, heben bedauernd hervor, wie wenig man heutzutage selbst in den gebildeten Kreisen von dem Gesetzbuch Friedrichs des Großen weiß. Er sagt treffend (l'aucien régime et la révolution 341): „Tout au travers de cette oeuvre à moitié empruntée au moyen âge apparaissent enfin des dispositions dont l'extrême esprit centralisateur avoisine le socialisme. Ainsi il est déclaré, que c'est à l'état qu'il incombe de veiller à la nourriture, à l'emploi et au salaire de tous ceux qui ne peuvent s'entretenir eux-mêmes et qui n'ont droit ni aux secours du seigneur ni aux secours de la commune etc." Deutsche Forscher nennen das allgemeine Landrecht geradezu katheder- oder staatssocialistisch. Schmoller, über einige Grundfragen des Rechts und der Volkswirthschaft 97. Brentano, der Arbeiterversicherungszwang, seine Voraussetzungen und seine Folgen 38.

**) So beispielsweise H. B. Oppenheim in seiner 1872 zu Berlin erschienenen Schrift über den Kathedersocialismus an den verschiedensten Stellen. Diese seine Warnungen gegen alle Versuche, die englische Manchesterschule auf deutschen Boden zu verpflanzen, waren sogar bedeutsamer, wie die vielfach unhaltbare Polemik des Verfassers gegen Brentano, Schönberg und Wagner. Der weitaus bedeutendste, nur wenige Seiten umfassende Abschnitt der vergessenen Broschüre (Ueber die neuen Formen der Arbeit und des Müssigganges) sollte heute von der liberalen Presse einmal wieder abgedruckt werden; er ist Ende 1871 geschrieben, und sagt mit wunderbarer Schärfe den ganzen Verlauf des Gründerschwindels und des Krachs voraus, ein wahres Juwel social-

fruchteten diese Mahnungen wenig, und die üblen Folgen jener literarischen Verirrung blieben denn auch nicht aus. Als der nationale Wohlstand in jähen Zuckungen auf- und niederflog, wollte man das „Manchesterthum" als Sündenbock in die Wüste jagen und da man das durchaus nur gespensterhafte Wesen nicht fand, stellte man ihm, ein Zehntel gut-, neun Zehntel schlechtgläubig, den Liberalismus unter. Geschichtliche Wahrheit ist, daß so weit der Schwindel und der Krach durch gesetzgeberische Maßnahmen befördert wurden, alle Parteien gleich viel objective und gleich wenig subjective Schuld trugen; sie haben alle das Actiengesetz angenommen, nicht weil sie faule Gründungen befördern wollten, sondern weil sie es in gutem Glauben für eine nützliche Maßregel hielten. Nach der gesellschaftlichen Seite aber liegt die Frage so, daß die Gründungspest nicht allein und nicht vorzugsweise in den socialen Schichten der Nation gewüthet hat, aus denen sich die liberalen Parteien zu rekrutiren pflegen, sondern daß sie durch alle Klassen und Stände des Volkes in dieser oder jener Form raste. Leider kam noch ein verhängnißvoller Umstand hinzu, welcher die schwefelgelbe Glorie dieser Jahre mit besonders grellem Widerschein auf den Liberalismus fallen ließ und ihm mehr wie alles andere die Herzen entfremdete: nämlich das unglückliche, weil unwahre Vorgehen des Herrn Lasker in der Gründerfrage. Politisch und sittlich waren hier nur zwei Standpunkte möglich. Entweder betrachtete man den ganzen Schwindel als eine allgemeine Volkskrankheit und ließ ihn auf sich beruhen, was vielleicht klüger als ehrlich war. Oder man hielt eine Sühne für nothwendig und dann mußte man ohne Ansehen der Parteien und Personen vorgehen, was vielleicht ehrlicher, als klug war. Ein Mittelweg jedenfalls war politisch und sittlich unzulässig.

Schätze man nun aber die Fehler und Mißgriffe der liberalen Parteien in socialpolitischen Dingen noch so hoch, in jedem Falle steht ihnen als ein glänzendes Gegenbild die Thatsache gegenüber, daß die gesunde,

---

politischer Erkenntniß, das allein genügte, Oppenheims geringschätzige Behandlung durch Wagner zu widerlegen. Oppenheim richtete den gedachten Aufsatz gegen den Philosophen Ed. v. Hartmann, der wie er heute die liberalen Ideen für einen oberflächlichen Hautausschlag des neunzehnten Jahrhunderts erklären zu wollen scheint, damals glücklich den preiswürdigen Tiefsinn entdeckt hatte, daß die Actiengesellschaften der Schwindelperiode eine höhere Form des wirthschaftlichen Verkehrs anbahnten und auch einen annähernden Schritt zur Lösung der socialen Frage bedeuteten. Ein angenehmer Denker in der That!

heilsame und maßvolle Reaction gegen jene Verirrungen doch nur wieder aus ihrem eigenen Schoße hervorgehen konnte und hervor= gegangen ist. So gut wie die ganze kathedersocialistische Richtung ging von liberalen Gedanken aus.*) Sie hatte anfangs schwere Kämpfe zu bestehen, die theilweise allerdings auch dadurch hervorgerufen wurden, daß ihre Vorkämpfer, unerfahren in der politischen und publicistischen Debatte, einen falschen Ton anschlugen, aber sie ist wesentlich durch= gedrungen und sie wird zweifellos im Laufe der nächsten Zukunft noch mehr durchbringen. Es giebt gegenwärtig kaum einen ernsthaften Libe= ralen, der beispielsweise nicht völlig mit Brentanos socialwissenschaft= lichen Ansichten übereinstimmte, obgleich sich gerade an den Namen dieses bedeutenden Gelehrten vor einem Jahrzehnt die heftigsten Fehden knüpften. Wenn heute jüngere liberale Kreise die socialpolitische Haltung, welche ihre Partei vor einem Dutzend von Jahren einnahm, theilweise schon nicht mehr verstehen, so beweist das doch eben nur schlagend, wie schnell sich der Liberalismus von alten Irrthümern zu neuen Wahrheiten belehrt hat. Immerhin mögen sich unter seinen älteren Vertretern noch ein= zelne „manchesterlich" angehauchte Gestalten befinden; diese auf andern Gebieten meist nicht unverdienten Leute muß man ruhig aussterben lassen, da auf eine Besserung nun allerdings wohl nicht mehr zu hoffen ist, denn das Wesen der ganzen Erscheinung ist ja eben die Unfähigkeit, auch aus den schreiendsten Thatsachen der Erfahrung etwas zu lernen; an dem lebendigen Organismus der liberalen Geistesrichtung bilden sie aber höchstens nur noch rudimentäre Organe.

Indessen wie dem immer sei — der verhängnißvolle Ruf: „Zu spät!", dieser ewige Schreckenslehrreim der Geschichte, war einmal über den Liberalismus erschollen und der berühmte „Hauch" blies in die Segel der conservativen Partei. Logisch war dieser Umschlag freilich schwer zu erklären. Denn die conservative Partei hatte die ganze wirth= schaftliche Gesetzgebung der Liberalen angenommen, manches, vieles vielleicht mit geheimem Stöhnen, aber schließlich alles, Gutes und weniger Gutes, mit willenloser Ergebenheit. „Damals," schreibt ein conser= vativer Socialpolitiker, „hatten die Conservativen keine selbständigen

---

*) Auch Adolf Wagner, wenngleich er sich allerdings schon vor zehn Jahren nicht in die „Schablone einer der geschlossenen politischen Parteien zwängen lassen" wollte. Er rechnete sich damals etwa zum „rechten Flügel der Nationalliberalen oder dem linken der Freiconservativen." Offener Brief an Oppenheim 13.

Ideen den Liberalen gegenüber." *) Nach den Regeln des hausbackenen Menschenverstandes hätte es also heißen müssen: Mitgefangen, mitgehangen! Indessen die Logik ist nicht das oberste Gesetz im Leben der Völker; die Welt ist nun einmal rund und will sich drehen; da es mit den Liberalen nicht gehen zu wollen schien, so meinte die vox populi, die in diesem Falle mit Nichten eine vox dei war, es werde mit den Conservativen um so besser gehen. So bekam die conservative Partei, sie wußte selbst nicht wie, ein glänzendes Spiel in die Hand. Leider verstand sie nicht, die Gunst der großen Stunde zu nutzen; sie verzettelte einen Trumpf nach dem andern. Die liberalen Parteien hatten eine lange Reihe von Gesetzen befördert, die das Wohl des gesammten Volkes förderten, dann im langen Besitze — nicht der Regierung, die sie bekanntlich niemals gehabt haben, aber wohl — einer gewissen Herrschaft über den Geist der Gesetzgebung auch andere, welche die berechtigten Ansprüche der arbeitenden Klassen nicht genugsam berücksichtigten; der Besitz macht ja nach Lessing „ruhig, träge, stolz." Aber die Conservativen begannen nunmehr damit, womit die Liberalen aufgehört hatten, nur in zehnfach verstärktem Maßstabe; es zeigte sich, daß ihre Partei unter einem dünnen Firniß politischer Grundsätze immer nur erst die Kastenvertretung des Adels und die Klassenvertretung des Großgrundbesitzes ist. Unser Adel hat mannigfache Vorzüge; er hat im unmittelbaren Dienste des Staats Großes geschaffen, viele Feldherren und Staatsmänner hervorgebracht; selbst Urjunker, wie Marwitz und York, wurden nationale Helden im Kampfe um die Befreiung des Vaterlandes von der Fremdherrschaft. Auch steht unser Adel dem geistigen Leben der Nation keineswegs fremd oder gar feindlich gegenüber; er hat der Dichtung und Wissenschaft eine Reihe glänzender Namen geschenkt; selbst unter den Führern der liberalen Parteien sind adlige Namen, zumeist aus alten Geschlechtern, verhältnißmäßig sehr stark vertreten. Aber eines hat der deutsche und insbesondere der preußische Adel niemals fertig gebracht; er hat niemals eine parlamentarische und politische Partei bilden können. Entweder segelte er willenlos im Schlepptau der Regierung oder er verfocht mit härtester Schroffheit die einseitigsten Interessen des Großgrundbesitzes. Wir haben jenachdem eine feudale oder gouvernementale, aber keine wahrhaft conservative Partei mit festen, unabhängigen Grundsätzen; es ist ein altes Krebs-

---

*) H. v. Scheel, Unsere socialpolitischen Parteien 63.

leiden unserer inneren Zustände, das in den letzten Jahren wieder mit erschreckender Deutlichkeit hervortrat. Inwieweit die Klassenpolitik der conservativen Partei dadurch gerechtfertigt oder entschuldigt wurde, daß die Interessen der Landwirthschaft von der liberalen Gesetzgebung nicht genügend beachtet worden waren, fällt außerhalb des Rahmens, in welchem sich der Gedankengang dieser Schrift bewegt.*) Hier handelt es sich nur um die Fürsorge der conservativen Partei für die arbeitenden Klassen, um ihre Befähigung für die sociale Reform. Und auch nach dieser Richtung mögen nur wenige Punkte herausgegriffen werden. Da ist beispielsweise die neue Feld- und Forstpolizeiordnung, die sorgliche Umhegung selbst der Blaubeeren mit den Schranken der heiligen Hermandad, wie Scheel spottend sagt. Niemals hat ein deutscher „Manchestermann" das Eigenthumsrecht auf eine so schroffe Spitze getrieben, niemals die Kluft zwischen den besitzenden und besitzlosen Klassen so tief aufgerissen. Und welche rohen Ausbrüche junkerlichen Hochmuths die Warnungen niedertraten, die sich selbst aus conservativen Kreisen gegen dies Gesetz erhoben! Mit wie schnöden Worten schalt Graf Brühl, der würdige Nachfahr des weltberufenen Todfeindes von Friedrich dem Großen, im Herrenhause den Fürsten Carolath als einen Verächter des edlen Waidwerks, weil dieser ritterliche Mann der ärmsten Armuth noch ein letztes Stück Sonnenschein und Waldesschatten, eine letzte Hand-, einen letzten Mundvoll von dem Mahle retten wollte, das die gütige Natur freigebig im Walde deckt! Ferner mag die großartige Ueberwälzung der Steuerlast auf die arbeitenden Klassen erwähnt werden. Bringe man so viele gute und so viele schlechte Gründe für das indirecte Steuersystem vor, wie man kann und will — es bleibt immer ein häßlicher und widerwärtiger Anblick, wenn eine conservative Partei den unteren Volksschichten so gut wie jedes Genuß- und Lebensmittel vertheuert und nur den einzigen Gegenstand des Massenverzehrs, dessen höhere Besteuerung nicht nur eine ergiebige Finanzquelle öffnen, sondern auch eine socialreformatorische Maßregel ersten Ranges darstellen würde, vor jeder Belastung hartnäckig vertheidigt: nämlich den Branntwein.**)

---

*) Meines Erachtens hat Scheel in seiner erwähnten vortrefflichen Schrift diese Frage zutreffend erörtert. In jedem Falle sind die betreffenden Klagen der conservativen Partei theils gegenstandlos, theils grenzenlos übertrieben, wenn auch in mancher Hinsicht schwerlich so grundlos, wie man auf liberaler Seite gemeiniglich anzunehmen pflegt.

**) Selbst ein so hochachtbarer und vorurtheilsfreier Gelehrter, wie H. v. Scheel, gestattet sich eben in einer leipziger Monatsschrift den Scherz, bei einer Schilderung

Vor allem aber, was hat die conservative Partei für den industriellen Arbeiterstand und das Handwerk gethan? Gefiel sich ihre Presse doch gerade darin, diesen Bevölkerungselementen einzureden, daß sie unter den falschen liberalen Gedanken litten und nur unter der Herrschaft conservativer Ideen gesunden könnten! Gefiel sie sich doch selbst darin, wenigstens in früheren Jahren zeitweise mit der Socialdemokratie zu liebäugeln; diese trefflichen Neunmalweisen leben wirklich noch in dem holden Wahne, eine ländliche Arbeiterfrage werde niemals auftauchen! Nun, was die eigentlichen Arbeiter anbetrifft, so waren bei Berathung der Gewerbegesetznovelle vom 17. Juli 1878 im Reichstage die liberalen Parteien der socialreformatorisch vorwärtsdrängende, die conservativen der zögernde und zurückhaltende Theil; an ihrem Widerstande ist mehr als ein von der linken Seite beantragter Fortschritt der Fabrikgesetz= gebung gescheitert; ihre eigenen Gedanken auf diesem Gebiete kommen überall nicht weit über eine dürftige Polizeiweisheit, Arbeitsbücher, criminelle Bestrafung des Contractbruches ꝛc. hinaus. Indeß an dieser Bevölkerungsschicht liegt ihnen vielleicht auch nicht so viel; an den Arbeitern ist, was conservative Gesinnung betrifft, nun doch einmal Hopfen und Malz verloren. Aber das Handwerk, dies angebliche Schoßkind der conservativen Partei, was hatte es von ihr zu erwarten? Nun, nichts anderes, als den ewigen Papageienschrei: Zunft! Zunft! Zunft! Von liberaler Seite ist die Unmöglichkeit und Widersinnigkeit dieser „Reform" so oft und so unwiderleglich nachgewiesen worden, daß es mir widersteht, die abgedroschenen, jedem Tertianer vertrauten Gründe hier nochmals breit zu treten. Der geneigte Leser mag lieber eine Autorität ersten Ranges darüber hören, den neben Schulze=Delitzsch verdientesten Förderer des deutschen Genossenschaftswesens, einen streng conservativen Mann, der sich von der großen Masse seiner Partei= genossen nur dadurch unterschied, daß er von socialpolitischen Dingen etwas verstand. Ueber einen conservativen Handwerkertag, der 1862

---

der berliner Bevölkerung von dem „norddeutsch=slavischen Typus" zu reden, „der sich ohne Schnapsflasche nicht vorstellen lasse." Wie würden die conservativen Herren wol schreien, wenn ein liberales Blatt sich den gleichwerthigen Spaß machte, von dem Wappen des ostelbischen Kleinadels zu sprechen, das sich ohne Schnapsflasche als Wahrzeichen nicht denken lasse. Wie sehr die sociale Machtstellung des preußischen Junkerthums auf dem Branntweinbrennen beruht, ist von Engels in einer Flugschrift (Preußischer Schnaps im deutschen Reichstage) mit wenig Höflichkeit, aber viel Scharfsinn und Wissen nachgewiesen worden.

in Weimar getagt hatte, schreibt V. A. Huber: „Schon damals mußten wir dem im bedenklichsten Sinne reactionären Geist, der die Versammlung beherrschte, entgegentreten — dem Bestreben, dem Handwerke im Wesentlichen dieselben Rechte, dieselbe Stellung und Organisation und vor allem denselben Schutz durch Privilegien zu bewahren oder, wo es sie verloren, zurückzuerwerben, die es in dem alten Zunst- oder Innungswesen besessen...... Es waren die bekannten, auch in Mund und Feder sehr viel anspruchsvollerer und gewichtigerer Vertreter angeblich conservativer Interessen und Lehren hergebrachten, großentheils aller historischen Begründung entbehrenden Phrasen über die vermeintlichen guten alten Zeiten, die Herrlichkeit des Handwerks u. s. w., — derselbe gänzliche Mangel an Verständniß für die Verschiedenheit der Umstände und Verhältnisse der Gegenwart und der Vergangenheit, wodurch Einrichtungen, die damals wenigstens relativ ersprießlich, deren Nutzen größer als ihre Nachtheile sein konnten, in unseren Tagen entweder überwiegend nachtheilig — auch für das Handwerk selbst oder doch für andere und wichtigere Interessen —, oder geradezu unmöglich sind. Es war dieselbe Befangenheit und Einseitigkeit, derselbe Mangel an Verständniß oder auch nur an Kenntniß der Lebenserscheinungen und Lebensbedingungen in weiteren Kreisen der Gegenwart, die mit viel weniger Entschuldigung wirklicher Unwissenheit auch von Seiten der, höheren Kreisen angehörenden, vermeintlichen Gönner des Handwerks sich als hohe conservative Socialpolitik geltend machen will."*) Jedes weitere Wort könnte die Wucht dieses vernichtenden Urtheils nur schwächen.

Wie Huber, sind allerdings auch noch einige andere namhafte Socialpolitiker aus den conservativen Reihen hervorgezogen: v. Scheel, v. d. Goltz, namentlich aber Robbertus, der weitaus bedeutendste und zugleich radicalste von ihnen, der bekanntlich die grundlegenden Sätze von Marx schon lange vor Marx gefunden hat. Sie alle aber haben auf die socialpolitischen Anschauungen der conservativen Partei als solcher keinen irgend nennenswerthen Einfluß gehabt. Andere nicht unbedeutende Socialpolitiker, wie Rudolf Meyer und Wagener, sind zwar lange an hervorragenden Stellen in der Partei thätig gewesen, allein schließlich eben ihrer socialen Ansichten wegen hinauscomplimentirt worden.**) Auch hier giebt sich ein bedeutsamer Unterschied zwischen

---

*) Handwerkerbund und Handwerkernoth 6 und 7.

**) Man wende nicht ein, daß gegen die beiden Männer auch persönliche Anstöße vorlagen. Wagener war schon seit den vierziger Jahren eine mehr als anrüchige Persönlich-

hüben und drüben kund. Während dort die katheder\socialistische Richtung den ganzen Geist der Partei durchsäuerte, heißt es hier, wie im „Faust" geschrieben steht:

> Die Wenigen, die was davon erkannt,
> Die thöricht gnug ihr volles Herz nicht wahrten,
> Hat man von je gekreuzigt und verbrannt.

Nimmt man darnach alles in allem, so braucht nicht mehr gesagt zu werden, wie sich das Soll und Haben des socialpolitischen Contos zwischen der conservativen und der liberalen Partei vertheilt.

II.
Die socialen Aufgaben der Kirche.

Wenn sich in der conservativen und liberalen Partei noch Spuren des mittelalterlichen Ständewesens erkennen lassen, in jener freilich viel mehr, wie in dieser, so gilt das Gleiche vollends von der clericalen Partei. Vertritt sie doch offen die Interessen der Kirche und der Geistlichkeit, also desjenigen öffentlichen Verbandes, den man im Mittelalter den zweiten Stand nannte. Es ergiebt sich schon daraus, daß die clericale Partei auch einen besonderen socialpolitischen Charakter haben muß, denn die Kirche ist von jeher nicht nur eine religiöse, sondern auch eine sociale Macht gewesen.

Freilich muß man dabei zwei ganz verschiedene Gesichtspunkte auch richtig auseinander halten. Indem das Evangelium die Demuth, die Entsagung, den Frieden, die Gleichheit aller Menschen vor Gott, die liebevolle Fürsorge für die Armen und Elenden, die Kranken und Verlassenen predigte und indem es durch diese Lehre zahllose Geschlechter von Menschen begeisterte, erweckte, hinriß, hat es die gesammte Menschheit zu höherer Gesittung erzogen, die sich nicht nur in der sittlichen

---

keit und blieb doch der gefeierte Führer der Partei, bis er socialpolitische Fragen energischer in die Hand nahm. Meyer aber war längst mit der conservativen Partei verfallen, ehe er wegen der bekannten Beleidigungen des Reichskanzlers auswanderte. Schon auf fast jeder Seite seines Hauptwerks (Emancipationskampf des vierten Standes) führt er bitterliche Klagen über die Unmöglichkeit, Junker von dem Schlage der Minnigerode und Nathusius in ein etwas breiteres Fahrwasser zu bringen, als der engherzigste Kastengeist ist.

Läuterung der Einzelnen, sondern eben dadurch auch in politischen und socialen Fortschritten der Völker bekundete. Aber niemals ist das Evangelium ein Gesetzbuch politisch-socialer Rechte gewesen; niemals war es eine Bill of Rigths oder eine Erklärung der Menschenrechte. Die Sendung, welche Jesus selbst sich zuschrieb, hatte keine politische Bedeutung; sein Reich war nicht von dieser Welt; er wollte um den Preis eines schimpflichen Todes nur die Herzen und die Seelen erobern.

Und dieser Auffassung ihres Stifters blieb die christliche Kirche in ihren ersten reinen Jahrhunderten durchaus treu. Sie suchte ihren schützenden Mantel um das ganze Menschengeschlecht zu breiten, sein ewiges Heil zu wahren in dem Drang und Sturm der irdischen Wirrnisse. Deshalb fiel es ihr nicht ein und konnte es ihr auch gar nicht einfallen, über die zeitlichen Bedingungen, unter denen die einzelnen Völker ihr staatliches Leben ordneten, meisternd abzusprechen, diese Verfassung für göttlich, jene für ungöttlich zu erklären. Nur so weit diese zeitlichen Bedingungen und Verhältnisse den sittlichen Gehalt der Einzelnen und der Nationen zu verderben drohten, mahnte und warnte sie; sie bekämpfte die Sünden, die aus den socialen Unterschieden flossen, aber nicht diese Unterschiede selbst. Wie Jesus vor den sittlichen Gefahren des Reichthums in herbster Weise wiederholt gewarnt hatte, so auch die Kirchenväter, aus deren Reihe hier nur vier classische Zeugen, welche unter die Heiligen der katholischen Kirche aufgenommen sind, hervorgerufen werden mögen. Ambrosius sagt: „Du giebst nicht dein Gut den Armen, sondern du giebst ihm sein eigenes zurück"; ferner Chrysostomus: „die Armen verlangen nicht euer Gut, sondern das ihrige"; weiter Hieronymus: „der Ueberfluß des Reichen ist das Nothwendige des Armen"; endlich Augustinus: „Gott giebt uns den Ueberschuß über das, was wir für unser Bedürfniß brauchen, damit wir ihn den Armen geben". Sie alle bekämpfen die Herzenshärtigkeit, welche so leicht die Begleiterin des Besitzes wird, aber nicht den Besitz selbst.

Besonders schlagend tritt diese Selbstbescheidung der ursprünglichen Kirche auf ihre eigentlichen Aufgaben in ihrem Verhältnisse zur Sclaverei hervor. Giebt es eine socialpolitische Einrichtung, welche dem innersten Kerne des Christenthums, der Lehre von der Gottähnlichkeit aller Menschen widerspricht, so ist es die Sclaverei. Aber niemals hat die Kirche dieselbe als Grundlage des wirthschaftlichen Völkerlebens durch einen Machtspruch aufgehoben, auch nicht als sie es konnte, sondern sie hat während des ersten Jahrtausends ihres Bestehens nur unablässig die sittliche Verderbniß bekämpft, die aus der Sclaverei entsprang. Auf zahlreichen Concilien in Frankreich, Spanien, England, Deutschland und Italien verbot sie die willkürliche Mißhandlung, die rechtswidrige. Tödtung, die Verstümmelung der Sclaven, schützte sie die Sclavenehen gegen die Lüste der Herren, empfahl sie die sorgfältige Erziehung der Sclavenkinder und besonders die Freilassung der Sclaven als ein Zeichen echt christlicher Gesinnung. Durch diese langsame und mittelbare Umwandlung der sittlichen Anschauungen hat die Kirche ihr weltgeschichtliches Verdienst an der Aufhebung der Sclaverei erworben, aber erst im zwölften Jahrhundert, als die letzten Spuren der Sclaverei thatsächlich verschwunden waren, hat sie auf dem dritten, lateranischen Concil von 1179 unumwunden erklärt, daß kein Christ Sclave sein dürfe. Wir modernen Menschen werden in diesem Falle ihre Zurückhaltung von weltlichen Angelegenheiten eher als Schuld anzurechnen geneigt sein, aber man darf doch nicht übersehen, daß gerade eine so großartige Auffassung ihres Berufs als einer rein geistig-sittlichen, erhaben über allen irdischen Dingen waltenden Macht, das Ansehen und den Einfluß der Kirche nur um so größer gemacht hat.

Ja gerade der weihevolle Glanz, welcher sie in Folge ihrer außerweltlichen Haltung umfloß, hat die Zukunft der menschlichen Gesittung gerettet. Nicht nur katholische Gelehrte, sondern auch wissenschaftliche Freidenker, wie Taine in seinem berühmtesten Werke, machen darauf mit dem stärksten Nachdrucke aufmerksam. *) In dem Zusammenbruch der altrömischen Welt blieb die Kirche allein aufrecht; vor dem Dorfe und der Stadt, welche die Priester schirmten, staute sich die wild heranwogende Flut der barbarischen Horden. Vom fünften bis zwölften Jahrhundert erlebte die Kirche ein goldenes Zeitalter, das von den apostolischen Tugenden ihrer glorreichen Anfänge geschmückt war. Mönche bebauten von Neuem die Fluren, welche abwechselnd die unersättliche Geldgier des römischen Fiscus und die Raubgier plündernder Banden verwüstet hatte; sie zogen mit dem Pfluge auf die Aecker, mit der Axt in die Wälder. Sie pflanzten auch sorgsam neue Keime der Gewerbe, Künste, Wissenschaften. Aebte und Bischöfe drangen als Rathgeber der Fürsten auf die Herstellung einiger Ordnung in der unge-

---

*) Jäger, Geschichte der socialen Bewegung und des Socialismus in Frankreich 38 u. f. — Taine, les origines de la France contemporaine I, 7 u. f.

heuren Verwüstung, auf die Heiligung der Ehe, auf die Unverletzlichkeit des Eigenthums. In ein barbarisches Gerichtsverfahren führten sie die Gottesurtheile ein; bei den Wasserproben setzten sie fest, daß der, welcher unterjank, unschuldig war; in echt christlicher Gesinnung wollten sie lieber Schuldige und Unschuldige retten, als beide verderben. . . .
So stand die alte Kirche den politischen und socialen Verhältnissen der weltlichen Staaten gegenüber und theilweise hat sie diesen Charakter bewahrt bis auf den heutigen Tag. Theilweise aber hat sie ihn durch das Streben nach einer politischen Weltherrschaft getrübt. Seitdem die großen, mittelalterlichen Päpste, ein Gregor VII., ein Innocenz III., ein Bonifaz VIII. vermessen genug dachten, einen gottverliehenen Anspruch auf das geistliche und weltliche Schwert zu erheben, ist die katholische Kirche wieder und wieder auf die Knebelung und Knechtung der Völker als die gottgewollte Form der weltlichen Verfassungen zurückgekommen; ein berühmtester Vorkämpfer des modernen Ultramontanismus, Graf Joseph de Maistre, schreibt: „Das ganze Menschengeschlecht ward zu Gunsten einiger weniger Menschen geschaffen," das grauenhafteste Wort vielleicht, welches je einer menschlichen Lippe entflossen ist. Immer wieder hat die katholische Kirche beansprucht, nach göttlicher Eingebung auch über die staatlichen und wirthschaftlichen Einrichtungen der einzelnen Nationen entscheiden zu können; diese Bestrebungen gipfelten in dem Syllabus von 1864, der alle Gebilde und Gedanken des modernen Geistes verurtheilt und in dem Unfehlbarkeitsdogma von 1870, das die einzige Quelle allen Völkerlebens in die päpstliche Macht verlegen will. Der nothwendige und unerschütterliche Widerstand gegen diese Tendenzen darf aber nicht vergessen lassen, daß die katholische Kirche theilweise, wie gesagt, ihren alten, reinen Charakter in socialen Fragen bewahrt hat. Sie ist die hervorragendste Trägerin des „caritativen Systems" in der modernen Volkswirthschaft; auf dem Gebiete des Armen=, Hilfs=, Kranken=, Waisenwesens 2c. hat sie außerordentliche und großartige Leistungen vollbracht und vollbringt sie noch heute.*)

---

*) Den Ausdruck „caritatives System" entnehme ich von Adolf Wagner, zu dessen Verdiensten es gehört, die Werke barmherziger Menschenliebe wissenschaftlich als besondere Kategorie in die volkswirthschaftlichen Organisationen eingereiht zu haben (Allgemeine Volkswirthschaftslehre 218 u. f.). Nachdem Wagner die bezügliche Wirksamkeit der katholischen Kirche gerühmt hat, fügt er in einer Note hinzu: „Es wird dies auch der eifrigste Protestant unzweifelhaft anerkennen müssen. Ob und wie weit die katholische Lehre von der Bedeutung der guten Werke von Einfluß ist, bestimmt den sittlichen

Einen ähnlichen Januskopf zeigt die ultramontane Partei, welche ja bekanntlich die Interessen der katholischen Kirche vertritt. Sie hat die Arbeiterfrage theils als Hebel für die römische Weltherrschaft zu benutzen gesucht, theils auf dem Boden des modernen Rechtsstaats in ehrlicher und uneigennütziger Weise den Leiden der unteren Volksschichten abzuhelfen getrachtet. In ersterer Beziehung ist der sogen. „katholische Socialismus" zu erwähnen. Er tritt am erkennbarsten und wirksamsten in den Ländern auf, in denen einerseits die sociale Entwicklung einen entzündlichen Charakter angenommen hat und andererseits die ultramontane Weltanschauung weite Kreise des Volkes beherrscht; fehlt das erste dieser Elemente, wie in Italien und Oesterreich, oder das zweite, wie in England und Rußland, so vermag er sich nicht recht zu entwickeln. Beide Momente treffen zusammen im deutschen Reiche und in der französischen Republik und diese beiden Staaten sind denn auch die Heimstätten des katholischen Socialismus, welches Wort beiläufig nur in einem sehr allgemeinen Sinne verstanden werden kann.

Bekanntlich ist die ultramontane Weltanschauung, wie keine andere, so unerschütterlich in ihren Zwecken, wie veränderlich in ihren Mitteln. Wollte der katholische Socialismus also die liberale Wirthschaftsordnung zerstören, so konnte er seine Waffen den Rüstkammern entweder des vergangenen oder des zukünftigen Zwangsstaats entnehmen und er hat Beides in beiden Ländern gethan, wenngleich in verschiedenen Maßen. In Frankreich kann er, seitdem das Blut der Priester in den Maitagen von 1871 floß, mit den Communards nicht sanfte Liebesblicke tauschen; hier verlangen seine Theoretiker — Perin in seinen „Lois de la société chrétienne," Ribot in „Le rôle social des idées chrétiennes," Lorrain im „Problème de la France contemporaine" — die Rückkehr in das dickste Mittelalter. Zurück zu allen feudalen Absperrungen, Monopolen und Vorrechten; zurück von der demokratischen Theilung des Bodens, die den letzten Anker des französischen Staats in allen revolutionären Stürmen dieses Jahrhunderts bildete, zum Erstgeburtsrechte; zurück von der Befreiung der Arbeit zu den Bann= und Meisterrechten der Zunft. Auch die Freiheit hat ihr bescheidenes Plätzchen in diesem Systeme;

Werth dieser Leistungen mit, ist jedoch für die hier in Betracht kommende (d. h. socialpolitische) Auffassung gleichgiltig. Auch das Judenthum steht notorisch in Leistungen auf dem Gebiet des Hilfs= und Armenwesens sehr hoch". Herr Hofprediger Stöcker hat bekanntlich in Wagner seinen „Lehrer" gefeiert; die Gabe, zwischen den Zeilen zu lesen, scheint ihm aber versagt zu sein.

jene Herren gewähren großmüthig die „Freiheit der Wahrheit," aber nicht die „Freiheit des Irrthums," das will sagen, die Freiheit, zu glauben, was der Papst verkündet, aber nicht die Freiheit, an seinen unfehlbaren Sätzen zu zweifeln.*) Da nun aber die französischen Arbeiter gegen so verheißungsvolle Aussichten völlig unzulänglich sind, so muß die praktische Agitation dieser Richtung freilich kleine Anleihen bei dem communistischen Sprachschatze machen, und die Brand= und Schlagworte, in welchen sich Graf de Mun, ihr hervorragendster Agitator, jüngst auf einem Congresse katholischer Vereine zu Chartres erging, glichen denn auch durchaus denen, die man in den Zeitungen der pariser Commune, wenn auch vielleicht nicht ganz so drastisch und zweckentsprechend findet.**)

Anders in Deutschland. Zwar hat auch hier der katholische Socialismus sehnsüchtige Blicke nach den mittelalterlichen Fleischtöpfen geworfen, wie in den bekannten Reichstagsanträgen des Grafen Galen aus dem Frühjahre von 1877, allein der öffentliche Geist in unserm überwiegend protestantischen Reiche ist doch zu kühl und nüchtern, um solchen Ritten ins alte romantische Land anders, wie mit verwundertem Kopfschütteln zu folgen. Dagegen war auf unserer vaterländischen Erde eine stärkere Annäherung zwischen der socialistischen und ultramontanen Richtung möglich; beide Parteien standen im Kampf sowohl mit dem Liberalismus, wie mit der Reichs= und Staatsgewalt; sie gewannen dadurch taktisch gewisse gemeinsame Interessen und wenn das „Bündniß der rothen und schwarzen Internationalen" auch ein unwahres Schlagwort ist, das von liberalen Blättern niemals hätte gebraucht werden sollen, so kann doch unter keinen Umständen geleugnet werden, daß namhafte Führer der ultramontanen Partei mit der socialdemokratischen Bewegung in unerlaubter Weise geliebäugelt haben. Namentlich der verewigte Bischof von Mainz hat nach dieser Richtung mehr gethan, als er irgend verantworten konnte. Sein Complimentenaustausch mit Lassalle mochte noch hingehen; beide hatten manchen wahlverwandten Zug; genial veranlagte Naturen, wie sie waren, mochten sie sich über die breite Masse ihrer oft sehr mittelmäßigen Gegner hin mit dem Lächeln der Auguren grüßen. Aber auch in seinen Schriften ging Ketteler Schritt für Schritt mit dem Agitator und erst an der Pforte

---

*) Ein anschauliches und eingehendes Bild dieser Bestrebungen giebt das Journal des Economistes in seinem Decemberhefte von 1880.

**) Laveleye, le socialisme contemporain 195.

des socialdemokratischen Staats hielt er an, indem er den — social=
politisch natürlich völlig unfaßbaren — Vorschlag machte, Lassalles
Productivgenossenschaften sollten nicht durch Staatsmittel, sondern durch
freiwillige Liebesgaben der besitzenden Klassen geschaffen werden.
Glücklicher Weise hatten diese Bestrebungen nur geringen Erfolg und
selbst eingehendere Programme, welche Ketteler und — in behutsamerer
und sachlicherer Weise — Moufang entwarfen, fanden in der Partei
keinen rechten Widerhall.*) In der That hatten dieselben gar keinen
specifisch ultramontanen Zug; ihre Forderungen, Staatseisenbahnbetrieb,
Fabrikinspectoren, Fabrikgesetzgebung, Steuerreformen ec. sind sogar
meistens schon auf dem Boden des modernen Staats durchgeführt oder
in der Durchführung begriffen; der einzige, kühnere Griff Moufangs,
„Geldunterstützung der Arbeiter", ist wieder so unklar und in der ein=
zigen praktischen Gestalt, die er bisher anläßlich des Reichsunfallver=
sicherungsgesetzes gewonnen hat, von der Centrumspartei des Reichstags
so entschieden abgelehnt worden, daß sich kein weiteres Verweilen bei
demselben verlohnt.

Neben diesen etwas waghalsigen Abenteuern hat nun aber die
ultramontane Partei auch in durchaus rühmlicher Weise ihre praktische
Fürsorge für den Arbeiter= und Handwerkerstand bethätigt. Die lange
Reihe der katholischen Consum=, Credit=, Spar=, Bauern=, Gesellen=,
Darlehns=, Unterstützungsvereine und wie sie sonst noch heißen mögen,
kann sich getrost liberalen Schöpfungen ähnlicher Art an die Seite
stellen. Es mag nur an Kolpings „Gesellenverein" erinnert werden,
der nahe an hunderttausend Mitglieder zählt und an den „Westfälischen
Bauernverein" des Freiherrn v. Schorlemer=Alst, welcher diesem feudalen
Junker den Ehrennamen des „Westfälischen Bauernkönigs" verschafft
hat, der einst den großen Demokraten und Patrioten Waldeck schmückte.
Auch die ultramontane Presse hat nach dieser Richtung manche fördernde
und fruchtbare Anregungen gegeben. Viele ihrer Organe knabbern zwar
nur selbstgefällig an dem dürren Knochen, den ihnen Jörg in dem
geflügelten Worte zugeworfen hat, daß die Seele des Liberalismus aus
Manchester stamme, aber es giebt deren auch gerechtere und maßvollere;

---

*) v. Ketteler, die Arbeiterfrage und das Christenthum; Entwurf zu einem poli=
tischen Programm für die Katholiken im deutschen Reiche. R. Meyer, Emancipations=
kampf des vierten Standes I, 326 u. f., wo die programmatische Wahlrede Moufangs
vom 27. Februar 1871 ausführlicher behandelt ist. Karl Fürst v. Isenburg=Birstein,
die Parteien im deutschen Reichstage und die Socialdemokratie.

ein vortrefflicher Socialpolitiker unter den ultramontanen Publicisten ist beispielsweise Eugen Jäger, der mehrere verdienstliche Schriften über die sociale Bewegung in Deutschland und Frankreich herausgegeben hat. Genug, im Großen und Ganzen liegt hier ein ehrlicher Wettkampf mit ehrlichen Waffen vor und so lange keine einzelne Partei den Schlüssel zur Lösung der socialen Frage besitzt, verdienen alle diese Bestrebungen überall nur hohe Achtung.

Wie schroff sich demnach immer die liberale und die ultramontane Weltanschauung gegenüberstehen, so ist doch auf gewissen socialpolitischen Grenzgebieten sehr wohl eine sachliche Verständigung möglich; weiterhin wird noch ein Blick darauf zu werfen sein, daß in der augenblicklich brennendsten Frage dieser Art, der Unfallversicherung, beide Richtungen ähnliche Ziele verfolgen. Täuscht nicht alles, so haben innerhalb des deutschen Ultramontanismus die gesunden socialpolitischen Bestrebungen die ungesunden überwunden und schwerlich wird diese Entwicklung durch etwaige kirchenpolitische Concessionen der Regierung so ohne Weiteres umzustürzen sein. Wir Liberalen haben im Allgemeinen eine verzweifelt unpraktische Neigung, uns anderer Leute Köpfe zu zerbrechen und uns aus edelmüthigem Abscheu über die — angeblichen oder wirklichen — ultramontanen Frevel in andern Ländern in einen pathetischen Ton sittlicher Entrüstung gegen diese Partei zu steigern. Es ist schon die durch alle geschichtlichen Erfahrungen bestätigte Thatsache hervorgehoben, daß der moderne Ultramontanismus zwar unerschütterlich in seinen Zwecken, aber veränderlich in seinen Mitteln ist und wir sollten uns darüber nicht täuschen, daß er in einem paritätischen Staate, in welchem er für immer zur Minderheit verurtheilt bleibt, in mancher Beziehung durch die unwiderstehliche Macht der Thatsachen mehr zur liberalen Ordnung der Dinge gedrängt wird, wie er denn ohnehin in den heutigen Zeitläuften, in denen er sich mehr und mehr auf die Massen stützen muß, eines gewissen demokratischen Zuges nicht entrathen kann. In den fünfziger Jahren halfen die preußischen Ultramontanen das Recht des Landes retten, während die orthodoxprotestantische Richtung der wüstesten Junker- und Polizeireaction schnöde Schergendienste leistete. Die Reactionäre durchschauen diese Lage der Sache auch viel besser, wie die Liberalen, die es sich wirklich gesagt sein lassen sollten, was ein conservativ-orthodoxer Führer klagend hervorhebt, wenn er schreibt: „Den tiefsten Kern der conservativen Idee zu erfassen, aus welchem allein schöpferische Gestaltungen des

Lebens hervorgehen können, bildet die katholische Confession ein nicht unerhebliches Hinderniß."*) Die protestantische Kirche ist niemals in demselben Maße eine sociale Macht gewesen, wie die katholische. Diese Thatsache entfließt nicht äußeren Umständen, sondern den tiefsten und zartesten Geheimnissen der evangelischen Religion; sie ist kein Zeichen einer äußerlicheren und gröberen, sondern einer feineren und höheren Auffassung des Gottes= gedankens. Der Protestantismus war von jeher weit mehr ein Bekenntniß, als eine Kirche; sein Schwerpunkt liegt in den inneren Kämpfen des einzelnen Menschen. Man kann mit allen seinen Gedanken im Bann= kreise der ultramontanen Weltanschauung leben und persönlich zum Materialismus oder Rationalismus neigen; in der Freiheit und Inner= lichkeit der evangelischen Religion ist dagegen der persönliche Glaube alles. So war sie geschichtlich immer weit mehr eine geistige, als eine sociale Macht; ihre befreiende und lösende Wirkung auf die Entwicklung des deutschen Geistes ist unermeßlich und unschätzbar gewesen; in unserer nationalen Kunst und Wissenschaft, in der eigenthümlichen Kraft und Kühnheit unserer Philosophie lebt ihr gesunder Hauch; das protestantische Pfarrhaus war von jeher und ist bis heute eine Lieblingsstätte der deutschen Cultur; wie viele bedeutende Geister haben zwischen seinen dürftigen Wänden das Licht der Welt erblickt! Aber so richtig Carlyle sagt, daß die Stellung der einzelnen Völker zu der Reformation auf ein Halbjahrtausend über ihre Zukunft entschieden habe, so sehr der protestantische Geist, das Princip der freien Forschung, unsere ganze neuere Geschichte beherrscht, so wenig hat es die protestantische Kirche als historischer Organismus über eine lange Leidensgeschichte hinaus= gebracht, eben weil sich schlechterdings jener Geist und jenes Princip nicht auf die Dauer in irgend eine Glaubensformel bannen lassen. In den drei ersten Jahrhunderten der lutherischen Kirche folgen auf= und durcheinander finsterer Fanatismus, der — nicht quantitativ, aber wohl qualitativ — in den scheuselichen Hexenprocessen die Greuel der Inqui= sition erreichte; dogmatischer Zank der allerwüstesten Art, welcher sprich= wörtlich die „Zänkereien der Theologen" als unerreichbaren Gipfel menschlicher Streitlust erscheinen ließ; endlich die flach=rationalistische Aufklärung des „vernünftigen Christenthums", von dem Lessing trocken sagt, man wisse nicht, weder wo ihm das Christenthum, noch wo ihm

---

*) v. Nathusius=Ludom, Conservative Position 11.

die Vernunft sitze. In allen Perioden aber eine hochmüthige Herrsch=
sucht gegenüber dem Volke; ein Herrendienst, der in seiner widerwärtigen
Demuth und Kriecherei oft selbst den Gottesdienst überwucherte und in
dem Bewußtsein des Volks „Junker und Pfaffen" als gleichwerthige
Plagegeister erscheinen ließ; ein völliger Mangel an Verständniß für
die socialen Aufgaben der Kirche.*)

Unter solchen Umständen war es nicht zu verwundern, daß in der
freieren Luft des neunzehnten Jahrhunderts der kirchliche Sinn unter
den gebildeten Klassen der protestantischen Bevölkerung reißend abnahm.
Wie aber die ungestüme Presserin, die Noth, immer die beste und innerste
Kraft der Menschen zu erwecken pflegt, so war der Rückschlag auf die
Kirche selbst ein wohlthätiger. Zwar im engeren, dogmatischen Sinne
brachte man es nicht zu irgend nennenswerthen Erfolgen; alle
Bemühungen in dieser Richtung schlugen mehr oder weniger auf jene
drei Grundformen zurück. Allein man ließ sich endlich die glorreichsten
Ueberlieferungen der alt=christlichen Kirche gesagt sein und lenkte die
geistlichen Kräfte auf das Gebiet socialer Hilfsbereitschaft. Die evan=
gelische Werkthätigkeit bekundete sich in jener mannigfaltigen Reihe
wohlthätiger Schöpfungen, die man unter dem Namen der „Innern
Mission" zusammenzufassen pflegt. Im Anfang der dreißiger Jahre
trat Wichern in seinem Rauhen Hause recht eigentlich als Schöpfer
dieser Richtung auf; fast gleichzeitig griffen auch Zeller in Beugen
und Recke in Düsselthal dieselbe Aufgabe der Kinderrettung an, während
Fliedner in Kaiserswerth das weibliche Diakonat, die evangelische
Schwesterschaft besonders zur Krankenpflege ins Leben rief. Im Laufe
der Jahrzehnte haben diese Schöpfungen einen in seiner Art großar=
tigen Umfang erreicht, doch ist es nicht möglich und auch nicht nöthig,
hier ihre Entwicklung näher zu verfolgen.**)

Von liberaler Seite wurden sie nicht immer nach ihrem richtigen
Werthe gewürdigt. Es ist wahr: sie erwuchsen aus einer beschränkt=

---

*) Wohlgemerkt, ich spreche nur von dem öffentlichen Geiste des Standes
als solchen; es versteht sich natürlich von selbst und ist in der obigen Bemerkung über
das protestantische Pfarrhaus auch schon angedeutet worden, daß die protestantischen
Geistlichen im Privatleben immer brave und vortreffliche Menschen gewesen sind. Um
nur ein naheliegendes Beispiel zu erwähnen, so war der verewigte Knak öffentlich ein
tragikomisches Zerrbild, während die glaubwürdigsten Zeugnisse ihn persönlich als einen
musterhaft guten und wohlthätigen Menschen schildern.

**) Beyschlag, Vorträge über innere Mission für die Gebildeten in der Gemeinde. —
Huber, die innere Mission.

orthodoxen Auffassung; sie waren und sind vielfach von einem äußerlichen und kleinlichen, von einem eisernen und fanatischen Geiste beseelt, den selbst der milde Huber tadeln mußte; an ihrer orthodoxen Ausschließlichkeit ging manches, was kaum geschaffen war, wieder unter, so beispielsweise die einst blühenden und doch vielfach wohlthätig wirkenden Mäßigkeitsgesellschaften.*) So wurden manche gerechte Bedenken wach, aber auch noch mehr falsche Vorurtheile. Denn wenn wir von den Orthodoxen verlangen, daß sie uns die Wohlthat des Wortes aus „Uriel Acosta" zu gute kommen lassen:

<blockquote>
Nicht was wir glauben, siegt, de Santos: nein,
Wie wir es glauben, das nur überwindet,
</blockquote>

so müssen wir ihnen offenbar dieselbe Rücksicht angedeihen lassen. Auch der Einwand, daß die orthodox-reactionäre Richtung auf diesem Wege die Geister für sich gewinne, hat keine logische Kraft; es giebt keinen rechtmäßigeren Erwerb der Volksgunst, als der durch uneigennützige Werke der Barmherzigkeit gewonnen wird; Hurrahschreien und Phrasendreschen hilft da freilich nichts und wer auf diesem Rhodos nicht tanzen kann, mag sich nach Hause trollen. Von wissenschaftlicher Seite ist der Beruf der Kirche, auf diesem Gebiete eine umfassende Thätigkeit zu entwickeln, auch stets in wärmster Weise anerkannt worden.**) Sicherlich giebt es keine schönere Versöhnung von Philosophie und Religion, als wenn sich in denselben Werken der Fürsorge für die Armen und Elenden im Volke Männer zusammenfinden, von denen die einen durch die Lehren des Christenthums, die andern durch die Ergebnisse ihrer Forschungen zu praktischer Hilfe angetrieben werden. Endlich aber hat die innere Mission stets sehr genau gewußt, nicht nur wo ihr Beruf anfing, sondern auch wo er aufhörte. Sie hat sich, um einen berufensten Urtheiler sprechen zu lassen, stets „davor gehütet, in die principielle Erörterung rein wirthschaftlicher Fragen einzutreten und sich vielmehr auf die der Kirche unzweifelhaft zugewiesene Aufgabe beschränkt, die leiblichen,

---

*) Baer, Alkoholismus 423, 589 u. a. St.

**) Roscher, Geschichte der Nationalökonomik in Deutschland 1025. — Schmoller, Ueber einige Grundfragen des Rechts und der Volkswirthschaft 124. Böhmert und Schönberg haben den Gegenstand in besonderen, kleinen Schriften behandelt. Uebrigens dürfte heute jeder ehrliche Liberale diesen Standpunkt theilen. Wenigstens ich würde mich nicht für befugt halten, gegen Herrn Stöcker aufzutreten, wenn ich nicht vor drei Jahren nicht eben so entschieden gegen Herrn Max Hirsch aufgetreten wäre, als er in einer berliner Volksversammlung den Arbeitern das herrliche Dogma von der „Arbeiterfeindlichkeit" der Kirche und Monarchie gepredigt hatte.

geistigen und sittlichen Nothstände im Volke, so weit sie es vermochte, auf dem Grunde evangelisch-christlicher Liebe zu lindern oder zu heben. Namentlich hat der Centralausschuß für die innere Mission immer an dem Standpunkte festgehalten, daß er sich auf Lösung **wirthschaftlicher** Fragen nur insoweit einlassen dürfe, als die Art dieser Lösung durch **unzweifelhafte** ethische und religiöse Forderungen **klar** vorgeschrieben sei." *)

So entwickelte sich eine segensreiche, sociale Thätigkeit auf dem Boden der protestantischen Kirche. In kleineren Maßen war sie eine neue Reformation, aber sie blieb leider auch ihrerseits nicht von dem Verhängnisse befreit, einzelne Schwarmgeister zu erwecken. Diese unseligen Fanatiker, berufen die Heilswahrheiten der Bibel zu verkünden, spannen aus ihnen vielmehr ein Fangnetz, das sie in die gährenden Tiefen der Volksmassen warfen, um den versunkenen Hort der Junker- und Pfaffenherrlichkeit wieder ans Licht des Tages zu heben.

III.
Das Satyrspiel der Socialdemokratie.

Wie eine tief erschütternde Tragödie schritt das Jahr 1878 über die Bühne der deutschen Geschichte. Die großen Aufzüge und Heerschauen des socialdemokratischen Wühlerthums in Berlin, die alle patriotischen Herzen mit ahnungsvollen Schrecken erfüllten; die fluchwürdigen Attentate, in denen sich die elektrische Spannung wie in fahlen Blitzen entlud; die Wahlbewegung, welche das ganze Volk als Richter über die socialdemokratische Agitation aufrief; die Verhandlungen des Reichstags, die dem nationalen Willen die gesetzgeberische Klarheit und Schärfe gaben; endlich das Walten und Wirken des Socialistengesetzes, das mit unbarmherziger Sichel die hochwogenden Saaten der Friedensstörer und Unruhestifter niederstreckte — wie nach allen dramatischen Regeln rollte sich das Trauerspiel in Spannung, Steigerung, Verwickelung, Entwickelung und Sühne ab. In einer Richtung aber läßt sich der künstlerische Vergleich nicht durchführen: das Satyrspiel folgte nicht der Tragödie, sondern lief ihr schon mitten durch. Nur in

---
*) Prof. v. d. Goltz, Deutsche Revue II, 9, 323.

der schönen Welt des Scheins bluten die großen Schmerzen und Wunden rein aus, waltet frei von jedem peinlichen Erdenreste das ernste Schicksal, welches den Menschen erhebt, wenn es den Menschen zermalmt. Im rauhen Leben der Wirklichkeit mischen sich unlöslich Großes und Niederes, Erhabenes und Närrisches, Furchtbares und Groteskes; in das feierliche Läuten der Glocken, die zum Gerichte rufen, klingt schrillen Hohnes die Schellenkappe des Hanswurstes. So aber tönte in die bewegtesten Scenen jenes Jahres der verworrene Lärm der christlich=socialen Agitation.

Sie entstand in folgender Weise. Vor Jahren hatte eine Kirchen= zeitung nach einer Darstellung der im Neuen Testament niedergelegten socialen Anschauungen verlangt. Hierauf erwiderte die positiv=recht= gläubige „Concordia", die bekannte, vortreffliche, inzwischen leider eingegangene Wochenschrift, an welcher vornehmlich katheder socialistische Gelehrte mitarbeiteten, solche Anschauungen gäbe es nicht, wenn es sich nicht um allgemeine Moralvorschriften, sondern um socialpolitische Grund= sätze handeln solle. Die Ansicht war so selbstverständlich, daß verständige Menschen kein Wort weiter über sie verloren. Wohl aber fühlte sich der Pfarrer Todt in Barenthin veranlaßt, sie in einem dicken Werke zu widerlegen. Er bewies nicht mehr und nicht weniger, als daß die socialdemokratischen Grundsätze ihre eigentliche Quelle im Neuen Testa= mente hätten. Etwa so: Die Socialdemokraten verlangen Gemein= eigenthum an Grund und Boden, sowie an allen Arbeitswerkzeugen. „In diesem Gedanken," sagte Herr Todt, „liegt ein tiefer, sittlicher Gehalt. Er ist die Consequenz des göttlichen Wortes (1. Mose, 1, 28 ff.): Füllet die Erde und machet sie euch unterthan u. s. w." Die Social= demokraten verlangen den vollen Arbeitsertrag für jeden Arbeiter. Dies erklärte Herr Todt für völlig zutreffend, denn als Jesus siebenzig Jünger aussandte, um seine Lehre zu verbreiten, forderte er sie auf, nicht um Gold und Silber oder Kleider und Schuhe zu sorgen, sondern die Gastfreundschaft der Häuser zu beanspruchen, in denen sie verkehrten und fügte hinzu: „Denn der Arbeiter ist seines Lohnes" oder wie es bei einem andern Evangelisten heißt, „seiner Speise werth." Die Socialdemokraten predigen die Solidarität aller menschlichen Interessen. Ganz richtig, sagte Herr Todt, denn das Vaterunser ist „das Gebet der solidarischen Interessen." Die Socialdemokraten verlangen die Republik. „Die Republik," bestätigte Herr Todt, „ist für Christen die unter die Ideale des Neuen Testaments am besten passende Staatsform." Jede socialdemokratische Ansicht und Forderung läßt sich nun freilich beim größten Aufwande blasphemischer Wortverrenkung nicht in Bibelsprüche hineinpressen. So beispielsweise nicht das eherne Lohngesetz und die Werththeorie von Marx. Allein hier trat die eigene Autorität des Herrn Todt ergänzend ein. Er erklärte eins wie das andere nicht nur für unwiderlegt, sondern auch für unwiderlegbar. Von der Kritik, welche nicht etwa liberale „Manchestermänner und Zeitungsscribenten," sondern die Kathedersocialisten Lange, Brentano und Schmoller an dem Lohngesetze, die wissenschaftlichen Socialisten Dühring und Schäffle an der Werththeorie geübt haben, wußte er nichts oder wollte er nichts wissen. Auch über das Erbrecht findet sich Nichts im Neuen Testamente. Um so besser, folgerte Herr Todt, dann ist es eine menschliche Einrichtung und kann nach Belieben geändert werden. Einigen Kummer machte es ihm, daß der socialdemokratische Zukunftsstaat so völlig im Dunkeln schwebt, allein, so tröstete er sich, „welcher Künstler, der ein Werk schafft, zeigt es gern eher, als bis er es vollendet hat?" Summa Summarum faßte er sich dahin zusammen: „Die Grundprincipien der socialistischen Theorie bestehen nicht nur vor der Kritik des Neuen Testaments, sondern enthalten geradezu evangelische, göttliche Wahrheiten; ihre Anklagen gegen die heutige Wirthschaftsordnung sind größtentheils begründet, ihre Forderungen berechtigt." Nur in einem Punkte mußte Herr Todt mit blutendem Herzen diese vortrefflichen Lehren verleugnen. Den Atheismus der Socialdemokratie konnte er leider nicht aus dem Neuen Testamente, noch auch nur durch seine Autorität begründen, sintemalen er orthodox-protestantischer Geistlicher ist. Hier muß als Sündenbock der Liberalismus eintreten, der natürlich fast auf jeder Seite des dickleibigen Buches mit den zügellosesten Schmähungen überhäuft wurde; wie die Viper nur im Sumpf, gedeiht diese Rasse von „Christen" nur in der gewerbsmäßigen Verleumdung der liberalen Weltanschauung. Das böse Beispiel der Liberalen in Sachen der Religion sollte die guten Sitten der Socialdemokraten erst verdorben haben. Herr Todt kannte natürlich nicht das A B C der communistischen Lehre, die materialistische Weltanschauung von Marx, welche naturgemäß jeden Gottesglauben von der Schwelle stößt, indem sie das Wirken aller geistigen und sittlichen Kräfte im Völkerleben leugnet und die ganze Weltgeschichte nur als ein Spiel der grobsinnlichen, materiellen Bedingungen auffaßt, unter denen die menschliche Gesellschaft ihren Lebensunterhalt erwirbt und austauscht. Genug aber, so lange die Socialdemokraten Atheisten sind, wollen sie nach Herrn Todt ihre Pläne mit Gewalt durchführen und ihren Zukunftsstaat auf gottloser Grundlage errichten; beides fand er unchristlich und wollte er verhindern. Wahrhaftig ein Schauspiel für Götter! In allen ihren politischen und wirthschaftlichen Forderungen sollen die Socialdemokraten klar und unzweifelhaft nach göttlichem Worte Recht haben, und wenn sie nun die Durchführung ihrer Grundsätze fordern, wenn sie ganz consequent und logisch sagen, wolle die heutige Gesellschaft der Stimme der Gerechtigkeit und Vernunft kein Gehör geben, so müsse sie eben dazu gezwungen werden, dann kommt der Pfarrer von Barenthin und erschlägt die Weltenstürmer mit den moralischen Gemeinplätzen einer Nachmittags=predigt.*)

Das herzliche pathologische Mitleid, welches dies wundersame Machwerk einflößen mußte, würde es dennoch nicht vor alsbaldiger Beisetzung in den Katakomben der zeitgenössischen Maculatur gerettet haben, wenn es nicht das Kukuksei geworden wäre, aus dem die christlich=sociale Bewegung entschlüpfte. Drei oder vier Herren, welche mit der Menschheit im Allgemeinen und mit dem Liberalismus im Besondern unzufrieden zu sein irgend welche Ursache hatten oder zu haben glaubten, meinten offenbar, daß das Buch von Todt, wenn es auch Unsinn sei, doch Methode habe; der Agrarier Calberla, der Schutzzöllner v. Roell und namentlich der pietistische Hofprediger Stöcker stifteten Ende 1877 auf der ausdrücklichen Grundlage jener Schmähschrift den „Centralverein für Socialreform" und als sein öffentliches Organ den „Staatssocialisten". Was sie eigentlich wollten, ist bis heute ein geschichtliches Räthsel geblieben, an dem sich vergebens der Verstand der Verständigen, wie die Einfalt kindlicher Gemüther abgearbeitet hat. Die Monarchie und die Religion sollten vor „um sich fressenden Spül=wellen" — ein angenehmer Stil! — sicher gestellt werden; nur Atheisten und Republikanern war der Eintritt in den Verein versagt, selbst Liberalen nur insofern, als sie nicht „tiefer blickten". Indessen sogar diese hinlänglich verschwommenen Grenzen zerflossen gänzlich ins Gestaltlose, wenn einerseits Herr Todt die Republik als die Muster=staatsform des Neuen Testaments pries und andererseits der „Staats=socialist" auch solche Mitglieder der besitzenden Klassen — natürlich

---

*) Rudolf Todt, der radicale, deutsche Socialismus und die christliche Gesellschaft 182, 295, 68, 75, 183, 213, 380 u. a. St. Auf bösartige wissenschaftliche Fälschungen, welche das Buch außer allem Nonsens enthält, gehe ich hier nicht weiter ein; ich habe sie früher an anderen Orten nachgewiesen.

aber nur dieser! — willkommen hieß, denen ein „blos philosophisches Verständniß" für die Unausrottbarkeit des religiösen Bedürfnisses" beiwohnte. In socialer Beziehung hatte der „Verein für Socialreform" vollends nicht den Schatten und nicht die Spur eines faßbaren Programms. Er verkündete nur, daß die ökonomischen Grundlagen der heutigen bürgerlichen Gesellschaft von der „Wissenschaft" als „schlecht" verworfen würden und der „Staatssocialist" führte diesen Gedanken näher in folgender Tirade über seine Stifter aus: „Fast ohne Ausnahme Mitglieder der besitzenden Klassen, haben sie gleichwohl eine größere Furcht vor den verschiedenen Enteignungen, welche das herrschende Bankerottsystem bewirkt, als vor den Expropriationen, mit welchen der Staatssocialismus droht. Sie erblicken in dem regellos tobenden Concurrenzkampfe von heute nichts als ein durch Eigenthums= illusionen verhülltes Expropriationssystem . . . Doch beschränken sich die Enteignungen und Besitzvertreibungen dieses Systems keineswegs auf die ökonomischen Dinge. Auch die moralischen, religiösen, politischen werden davon betroffen. Der rasende Concurrenzkrieg wirft die Menschheit aus dem Besitze aller ihrer Heiligthümer. Es giebt keine Ruhe des Geistes, keinen Frieden der Seele mehr. Ueberall Enteignung! Der Mann verliert seine Würde, das Weib seine Ehre". Um diese frohe Botschaft überall hin zu verbreiten, schlug ein von dem Centralverein erlassenes Rundschreiben die Eintheilung des deutschen Reichs in zwölf Agitationsbezirke vor, in deren jedem ein besonderer Agitator unterhalten werden sollte. Als „vortreffliches Material" für diese Posten wurden junge Kaufleute und junge Schullehrer empfohlen, als unentbehrlichste Eigenschaft für ihre Thätigkeit eine starke und deutliche Stimme bezeichnet; nebenbei wurde dann auch noch erwähnt, daß sich solche Personen die nothwendigen Kenntnisse rasch aneigneten. In der That, sie brauchten nur auf das billigste und schlechteste Blatt der Socialdemokratie zu abonniren, um täglich die geistigen Waffen für die heilige Sache des „Centralvereins für Socialreform" zu erhalten. Aus diesen Kreisen liefen denn auch manche Meldungen ein; Herr Grüneberg criminellen Angedenkens wurde ein erster Apostel, ein zweiter ein gewisser Hödel aus Leipzig, der später freilich vor dem Staatsgerichtshofe erklärte, nur um des „Geschäftes" willen den ganzen „Schwindel" mitgemacht zu haben.

Der Ekel über dies jammervolle Treiben wurde einigermaßen gemildert durch das persönliche Auftreten wenigstens e i n e s Mitgliedes

des neuen Vereins: des Hofpredigers Stöcker. Dieser Herr bekämpfte die Socialdemokratie zunächst nicht dadurch, daß er ihre Grundsätze für „göttliche Wahrheiten" und den Liberalismus für den leibhaftigen Gottseibeiuns erklärte, sondern er ging den gefürchteten Gegnern unmittelbar auf den Leib; schon am 3. Januar 1878 hatte er seinen ersten öffentlichen Redegang mit Most. Seine formvollendete Beredsamkeit, sein entschlossenes und unerschrockenes Wesen machten damals einen günstigen Eindruck weit über die Grenzen der conservativen und orthodoxen Richtung hinaus. Allerdings lag es von Anfang an schon auf der Hand, daß sein Auftreten im besten Falle ein ritterlicher Husarenstreich, aber nichts weniger wie das Beginnen eines ernsten Politikers war. Im letzten Grunde trieb er nur Wasser auf die Mühle der Gegner; der socialdemokratischen Agitation war nichts willkommener, als solche Spectakelstücke, welche eine angenehme Abwechselung in dem ewigen Einerlei des Wühlens und keinerlei ernsthafte Gefahren boten, denn eine ernste, die Hörer überzeugende Erörterung war bei dem ganzen Zuschnitt dieser Massenversammlungen von vornherein unmöglich. Zudem mußte die Art und Weise, in welcher Herr Stöcker den Arbeitern goldene Berge verhieß, augenscheinlich ohne die leiseste Ahnung, welche ungeheuerlichen Verpflichtungen er damit einging, schwere Besorgnisse erwecken. Politisch war deshalb die Agitation Stöckers schon in ihren ersten Keimen ungesund, aber da unter Blinden der Einäugige König ist, so hob sie sich mit einem gewissen Glanze von dem sonstigen Treiben des „Centralvereins für Socialreform" ab.

Inzwischen hatten sich etwa fünfzig Arbeiter im Laufe von ein paar Wochen an Stöcker angeschlossen, keine idealen Gestalten, nichts weniger wie das, sondern mehr oder minder verbummelte Existenzen; Schneider Grüneberg, damals die rechte Hand des Hofpredigers, giebt sogar äußerst wenig schmeichelhafte Gründe für ihre schnelle Bekehrung an. Sei dem, wie ihm wolle, der berauschende Erfolg, ein halbes Hundert Steifleinene hinter sich zu haben, begeisterte die neuen Weltverbesserer zu einer neuen, welterschütternden That. In der dritten Januarwoche brachte der „Staatssocialist" einen Aufruf an alle Freunde der Sache um „gütigst baldige Vorschläge und Rathschlüsse" darüber, was eine neu zu bildende Arbeiterpartei programmmäßig vom Staate, von der Kirche, von den übrigen Gewalten verlangen, worauf sich die Staats- und worauf sich die Selbsthilfe erstrecken solle, welche Hebel sogleich angesetzt werden könnten, um das leibliche, geistige und moralische

Wohl der Arbeiter zu fördern und so weiter. Die Gründung einer Partei, noch dazu einer Arbeiterpartei, die in öffentlichen Aufrufen ein wohlwollendes Publicum um „baldigst=gütige" Aufklärung darüber ersucht, was sie denn eigentlich wolle oder solle, war ein so anmuthiger Scherz, daß er die melancholische Weisheit des seligen Ben Akiba gründlich entkräftete, indessen schlechte Witze haben in unserer geschmacklosen Zeit ja oft die größten Erfolge und durch milde Spenden unbekannter Wohl= thäter kam das christlich=sociale Programm glücklich ans Licht der Welt.

Das Programm allerdings nur, aber keine Partei, an welcher es bis auf den heutigen Tag fehlt. Herr Stöcker widmete sich nun ganz der Führung der fünfzig Steifleinenen und schied sogar zu diesem Zwecke aus dem „Centralverein für Socialreform" aus, der damit in eine glücklicher Weise völlig ungefährliche Dunkelheit zurücksank. Im Uebrigen setzte der Hofprediger seine Redekämpfe mit den socialdemokratischen Agitatoren fort, doch wurden sie auf die Dauer immer lächerlicher und widerlicher. Die kecke Frische seines ersten Vorgehens verflüchtigte sich in der ewigen Wiederholung derselben Reden; um so auffallender traten die bedenklichen Lücken seiner socialwissenschaftlichen Bildung hervor; wie er die Versprechungen einlösen wollte, die er den Arbeitern gab, wurde immer unerfindlicher. Als nun gar jene berüchtigte Frauen= und Mädchenversammlung stattfand, in welcher allerdings nicht Herr Stöcker selbst, sondern sein Freund Wangemann mit Most stritt, wurden die verständigeren Socialdemokraten selbst des grausamen Spiels über= drüssig. Sie erklärten, daß sie ihr Princip gewahrt, ihre Macht fühlbar genug bekundet hätten und den christlich=socialen Gegnern ihre unschädliche Agitation weiter nicht verkümmern wollten. Noch richtete einer der fünfzig Steifleinenen einen offenen Brief an Most, der ihn unter den schwersten Beleidigungen zum rednerischen Zweikampfe herausforderte, indessen die Leitung der socialdemokratischen Partei war ihrerseits einsichtig genug, die Fortsetzung des Hexensabbats zu verbieten. Most durfte nicht antreten, wohl aber sprengten seine Anhänger die betreffende christlich= sociale Versammlung; Herr Stöcker und die Steifleinenen mußten von nun an ihre kleinen Conventikel hinter verschlossenen Thüren abhalten. Sie saßen zum erstenmale auf dem Trockenen.

Sie athmeten wieder auf, als die fluchwürdigen Attentate den Stern der Socialdemokratie erbleichen ließen und die Wahlbewegung vom Sommer 1878 in manchen ihrer Erscheinungen den Gedanken wachrief, daß im Trüben gut fischen sei. Das officiöse Hifthorn blies gegen die

Liberalen und das tapfere Herz des Hofpredigers Stöcker schmolz bei den alt vertrauten Klängen. Wenn bis dahin ein milder und wohlwollender Urtheiler mit einigem Grunde annehmen konnte, Herr Stöcker habe als ehrlicher Mann gegen die Socialdemokratie gestritten, so führte er, in dessen Conventikel Höbel sich noch am Abend vor seinem scheußlichen Mordversuche geistig gestärkt hatte, seine Steifleinenen in den Rücken der liberalen Reihen, während diese den schweren Kampf mit der Socialdemokratie Auge in Auge kämpften. Eine christlich-sociale Tageszeitung wurde gegründet, die „Deutsche Volkswacht," doch arbeitete Herr Stöcker an ihr nur mit; Verleger war Herr Grüneberg und Redacteur ein „bewährter" Genosse aus Süddeutschland. Dies liebliche Organ trug an seiner Stirn das Motto: „Liebe deinen Nächsten, wie dich selbst," aber niemals ist das herrliche Wort mehr geschändet worden, als durch den literarischen Unrath, der diesmal unter seinem Schutze verbreitet wurde. In Erwiderung eines sachlichen Angriffs, den das „Deutsche Protestantenblatt" in Bremen gegen Stöcker gerichtet hatte, sagte das christlich-sociale Organ: „Protestantenvereinler mit ihren liberalisirenden Anschauungen in kirchlichen Dingen erzeugen überhaupt in jedes christlich gesinnten Menschen Brust das Gefühl namenlosen Abscheus" und „diese Ausführungen der Protestantenvereinler tragen so recht das Eunuchenthum an der Stirn." Von einer liberalen Zeitung hieß es in einer andern Nummer, sie sei „ein gott-, herz- und sinnloses Blatt," in ihren Spalten mache sich „Verlogenheit, Verrottung der Empfindung und Frivolität breit," endlich „von einem Ochsen könne man nicht mehr erwarten, als ein Stück Rindfleisch." *) Socialpolitisch verlangte dies Blatt für „Arbeiterinteressen" neben strengsten Ausnahmemaßregeln gegen die Socialdemokratie, indirecte Steuern, Tabaksmonopol und ähnliche schöne Dinge. Allein aller Liebe Müh' war umsonst; die drei christlich-socialen Candidaten, welche sich in Berlin

---

*) Deutsche Volkswacht No. 8 und 23. Nur mit großem Widerwillen habe ich an diesen Schmutz gerührt, aber gegenüber den niederträchtigen Angriffen, welche die christlich-socialen Stumpredner gegen die liberale Presse richten, ist es angezeigt, daran zu erinnern, wer der grobe Klotz gewesen ist, auf den schließlich ja auch wohl grobe Keile gefallen sind. Bis dahin hatten die ernsten Blätter und Publicisten der liberalen Parteien Herrn Stöcker persönlich mit voller Achtung behandelt. Die „Kölnische Zeitung" vom 16. April 1878 schrieb: „Stöcker hat alles Zeug zum Volksredner, eine volle, mächtige, sonore Stimme, geistige Schlagfertigkeit, die Gabe populären Ausdrucks und mehr als alles das, die Macht der Ueberzeugung, welche die Herzen packt. Er ist eine Figur mitten aus dem Volke herausgegriffen." Und Prof.

bewarben, gewannen zusammen noch nicht anderthalbtausend Stimmen. Solche Niederlage hatte man nicht erwartet. Im Kreise seiner Getreuen klagte Herr Stöcker über diesen „unglückseligsten Tag seines Lebens"; zugleich theilte er die traurige Kunde mit, daß die Parteikasse bis auf den letzten Pfennig durch einen „schlechten Spitzbuben" geplündert worden sei; unter dieser unerfreulichen Umschreibung verstand er seinen treuesten Waffenbruder, den Schneider Grüneberg, der sich gegen die arge Beschuldigung energisch wehrte und in den Spalten der socialdemokratischen Presse sofort einen lärmenden Feldzug gegen seinen bisherigen Gönner eröffnete. Auch der Redacteur der „Deutschen Volkswacht," die am Tage nach der Wahl selig entschlief, bewarb sich nunmehr um die Mitarbeiterschaft an socialdemokratischen Blättern, doch wurde er abgewiesen, weil er früher Mündelgelder veruntreut und deßhalb eine schimpfliche Gefängnißstrafe erlitten hatte. Auf christlich=socialer Seite leugnete man mit dreister Stirn, darum gewußt zu haben, doch wurde man der bewußten Unwahrheit überführt durch das Zeugniß des geistlichen Amtsbruders, der den rüstigen Streiter jenseits des Mains geworben hatte. Genug von diesen widerwärtigen Einzelnheiten; Herr Stöcker und seine Steifleinenen saßen zum zweitenmale auf dem Trocknen.

Und wieder kam eine neue Fluthwelle, das verfallene Wrack auf die hohe See zu führen. Es war die antisemitische Bewegung. Doch bevor die neue Fahrt des Kapers näher verfolgt werden kann, ist es nothwendig, seine Seekarte genauer zu prüfen und festzustellen, welchen Curs er angeblich steuern will und welchen Curs er wirklich nimmt.

Boretius, der nationalliberale Abgeordnete, schrieb in den „Deutsch=evangelischen Blättern" III, 3, 189: „Das Auftreten des Herrn Stöcker ist von manchen Seiten als nicht passend gemißbilligt worden. Aber sicher mit Unrecht. Wer im heutigen öffentlichen Leben, besonders aber in Berlin, etwas wirken will, darf sich auch vor einigem Spectakel nicht scheuen und muß ihm mit festen Nerven und möglichster Seelenruhe zu trotzen verstehen. Die Stillen im Lande wirken da nichts; es bedarf muthiger Kämpen, wie Herr Stöcker einer ist und seine im „Staatssocialisten" abgedruckten Reden, weitaus das Interessanteste im ganzen Blatte, machen entschieden einen guten Eindruck, wenn man auch freilich, was bei Volksreden immer unbillig ist, nicht jedes Wort auf die Goldwage legen darf."

IV.
Was Herr Stöcker von dem christlich-socialen Programm ausführt.

Das christlich-sociale Programm zerfällt zwanglos in zwei Theile: in die scharfe Betonung des christlichen und monarchischen Elements einer- und die Forderung concreter, socialpolitischer Reformen andererseits, welche letzteren an und für sich weder einen christlichen noch einen monarchischen Charakter haben, sondern sich auch in andern Socialprogrammen der verschiedensten Richtungen finden. Dieselben sind durchweg zuerst von wissenschaftlichen Forschern aufgestellt worden, deren christlicher Sinn weitaus überwiegend mindestens sehr zweifelhafter Natur war und sie sind vielfach in Republiken schon ungleich weiter gediehen, als in Monarchien, in den Vereinigten Staaten und der Schweiz beispielsweise viel weiter, wie in Oesterreich und Rußland. Darnach liegt das Eigenthümliche und Unterscheidende des christlich-socialen Programmes ganz und gar in seinen allgemeinen Grundsätzen, während die besonderen Forderungen mehr als äußerliches Beiwerk erscheinen, womit natürlich keineswegs gesagt werden soll, daß sie schlecht und verwerflich seien. Ganz im Gegentheil!

Untersucht man nun die allgemeinen Grundsätze des christlich-socialen Programms, so tritt der „christliche Glaube" als in erster Reihe bestimmender, als unerläßlicher Factor der Socialreform hervor.*) Ueber die socialen Aufgaben der Kirche ist im zweiten Abschnitte dieser Schrift geschichtlich gehandelt worden; es wurde dort namentlich gezeigt, daß gerade die orthodoxe Richtung unserer Landeskirche die ältesten und segensreichsten Ueberlieferungen der christlichen Lehre auf socialem Gebiete wieder aufzunehmen suche. Wie stellt sich nun Herr Stöcker als Schöpfer des christlich-socialen Programms dazu? Will er sich gleichfalls auf das sociale Gebiet beschränken, welches der Kirche unzweifelhaft gehört, oder will er sie nur zur Dienerin politischer Parteibestrebungen machen? Ja, wer das bestimmt sagen könnte!

---

*) Natürlich nur für die **Arbeiterpartei**; im „Centralverein für Socialreform", der für die **besitzenden Klassen** berechnet ist, genügt ein „blos philosophisches Verständniß für die Unausrottbarkeit des religiösen Bedürfnisses". Elende Heuchler, die sie sind!

Schon bei diesem ersten Schritte der Prüfung geräth man bis an die Kniee in jenen Sumpf von Zweideutigkeiten und Zweizüngigkeiten, in welchem Herr Stöcker als öffentlicher Charakter allein gedeihen zu können scheint. Als er am 25. Januar 1878 in seinem Conventikel das christlich=sociale Programm begründete, sagte er klipp und klar: „Die Kirche kann zu diesen Fragen keine Stellung nehmen. Die Kirche des Neuen Testaments kann nicht sagen: dies volkswirthschaftliche System ist besser, jenes ist schlechter." [Aber, ehrwürdiger Mann, damit spalten Sie ja so beiläufig das standard work Ihrer Agitation, das Buch von Todt, vom Kopf bis zu den Füßen.] „Was ich heute Abend zur Begründung unseres Programms sage, das sage ich nicht als Vertreter der Kirche." Das scheint unzweideutig, nicht wahr? Aber nun die Kehr=seite der Medaille! Wenige Wochen später schrieb Herr Stöcker an den Oberkirchenrath Mühlhäuser: „In der That, wenn die Kirche erklärt, bei einer so allentscheidenden Sache, wie die sociale Frage ist, keine andere Aufgabe zu haben, als Predigt, Seelsorge, Wohlthätigkeit und Anfassen der Nothstände durch innere Mission, dann begiebt sie sich des Anspruchs an der geistigen Leitung der Menschheit theilzunehmen."*) Da blinken also die spitzen Wolfszähne hinter der Maske des unschuldigen Lammes hervor, die in Arbeiterversammlungen vorgesteckt wird; es ist die pfäffische Herrschsucht, welche auf socialpolitischem Gebiete sich neue Lorbeeren erobern will. Und der Ton, in welchem dieser Geistliche von „Predigt, Seelsorge, Wohlthätigkeit und dem Anfassen der Noth=stände durch innere Mission" spricht! Weiß denn der Mann wirklich nicht oder will er nicht wissen, welche Fülle der ernstesten, fruchtbarsten Aufgaben auf diesen legitimen Gebieten geistlicher Thätigkeit noch zu lösen sind? Conservative Politiker und orthodoxe Prediger haben ja die bittersten Klagen darüber erhoben; Herr Wagener schreibt, „der kirchliche und moralische Zustand der Volksmassen sei die sehr lehrreiche Quittung, welche dieselben der Kirche über ihre Seelsorge ausstellten,"**) und Herr Kögel, der nächste Amtsgenosse Stöckers, berechnet betreffs der besondern berliner Verhältnisse, daß die Zahl der Geistlichen um 184 vermehrt werden müßte, wenn nur auf je 3000 Evangelische ein Pastor kommen solle.***) Und während so schreiende Nothstände auf

---

*) Karl Roscher, Betheiligung der evangelischen Geistlichen an der socialen Bewegung unserer Zeit 34.
**) Die Lösung der socialen Frage vom Standpunkte der Wirklichkeit und Praxis 75.
***) Kögel, die Aufgabe des evangelischen Geistlichen an der socialen Frage 10.

ihren eigensten Gebieten der Abhilfe harren, soll sich nach dem Willen des Herrn Stöcker die Kirche in socialpolitische Abenteuer stürzen! Denn dies ist allerdings seine eigentliche Ab= und Ansicht; wenn er sich häufig die entgegengesetzte Meinung auszusprechen gestattet, so geschieht es nur vor Arbeitern oder Gegnern aus begreiflichen, wenn auch wenig ehrenvollen Gründen; im Kreise der Seinen rechnet er seine social= politische Agitation stets zu dem, was er seine „geistliche Seelsorge" zu nennen beliebt. Glücklicher Weise hütet sich die große Mehrheit der protestantischen, selbst nur der orthodox=protestantischen Geistlichen, ihm auf diesen schlüpfrigen Pfad zu folgen; es mag nur erinnert werden an den bekannten, die socialen Aufgaben der Kirche durchaus richtig abgrenzenden Erlaß des Oberkirchenraths; an die scharfen Abfertigungen Stöckers durch Prof. Beyschlag; an das geflügelte Wort eines andern berühmten Theologen von dem „unlauteren Menschen", der mit „dem Fanatismus und der Unwissenheit eines Bettelmönchs" im Lande umher= zieht; an das niederschmetternde Gericht, welches kürzlich die theologische Facultät von Jena über Stöckers Wahrheitsliebe hielt; an den tapfern Widerstand, der auf der brandenburgischen Provinzialsynode sich gegen seine Versuche erhob, die berliner Stadtmission mit seinen politischen Hetzereien zu vergiften und was mehr in dies Gebiet gehört. Hier kann nicht näher darauf eingegangen werden, da eben nur Herr Stöcker als Socialpolitiker abgehandelt werden soll; einzig um die evangelische Kirche nicht in ein falsches Licht zu stellen, mußte flüchtig auf jene Thatsachen hingewiesen werden.

Socialpolitisch ist aber das Streben, die Kirche in die politischen und socialen Parteiungen zu ziehen, genau ebenso verwerflich. Es sei gestattet, darüber einige angesehene Vertreter der Socialwissenschaft zu hören, die entweder kirchlich confessionell oder doch politisch conservativ sind. Herr Professor v. d. Goltz, welcher beides ist, hebt hervor, daß nichts die Kirche mehr verödet habe, als daß in der Zeit von 1850 bis 1860 von der orthodoxen Partei Christenthum und Reaction als gleich= bedeutend behandelt wurden und fährt dann fort: „Die Aufgabe der Kirche auf socialem Gebiete ist nicht, diese oder jene politische oder sociale Partei zu unterstützen. Hierdurch macht sie sogar die Lösung ihrer ersten und wichtigsten Aufgabe, nämlich den Frieden unter den verschiedenen Volksklassen zu stiften, geradezu unmöglich."*) Und die

---

*) Deutsche Revue II, 9, 339.

conservativen Socialpolitiker Adolf Wagner und Hans v. Scheel sagen, „daß weder die protestantische Geistlichkeit noch die Kirche im Stande sind, in die sociale Bewegung mit dauerndem Erfolge einzugreifen."*) Scheel läßt sich noch nachdrücklicher über den specifisch=christlichen Charakter des christlich=socialen Programms aus. Er hält zwar den Vorwurf für unbegründet, daß es sich dabei nur um ein Aushängeschild für conservative Interessen handle, da die Verbindung Stöckers mit irgend welcher politischen Partei noch nicht zu entdecken sei, (dies schrieb Scheel 1878, heute wird er wissen, wie tief begründet jener liberale Vorwurf war,) aber er setzte schon damals hinzu: „Dies darf wohl gesagt werden, daß die protestantische Geistlichkeit, sei es wegen Ver=strickung in unfruchtbare dogmatische Streitereien, sei es aus Mangel an Verständniß für den socialen Inhalt des Christenthums überhaupt und die Möglichkeit social vermittelnder und hebender Einwirkung der Geistlichen insbesondere sich in neuerer Zeit keine Stellung im Volke zu verschaffen gewußt hat, die sie für solche socialpolitische Arbeit befähigen könnte. Am wenigsten wird den Anhängern der Socialdemokratie auf diese Weise beizukommen sein. . . . Es ist daher in Bezug auf seine kirchliche Basis der Staatssocialismus nicht geeignet, socialreformatorisch zu wirken."**) Man sieht, Kirche und Wissenschaft — und es sind nur ihre orthodoxen und conservativen Vertreter angezogen worden; liberale Socialpolitiker und Theologen blieben absichtlich unbeachtet — sind völlig einig über die Verurtheilung des Mißbrauchs, den Herr Stöcker mit dem Namen der christlichen Kirche treibt; in der „christlichen" Grundlage seines Programms liegt nichts anderes vor, als das Streben einzelner Geistlicher, als solche ihre Herrschaft auf Gebiete auszudehnen, auf welchen die Kirche ganz und gar keinen legitimen Beruf zu erfüllen hat, nichts anderes also, als pfäffische Herrschsucht.

Der zweite Grundstein des christlich=socialen Programms ist die monarchische Gesinnung. Nun bedarf es keines besonderen Nachweises, welch verhängnißvolles Beginnen es ist, die Grundform des Staates zum Spielball der Parteien zu machen. Wo dies Beginnen erfolgreich ist, entsteht einfach ein ewiger Wechsel von Anarchie und Despotismus; die französische Geschichte des letzten Jahrhunderts predigt diese Lehre auf jedem ihrer Blätter mit eherner Logik. Immerhin konnte man es verstehen und bis zu einem gewissen Grade verzeihen, wenn Herr Stöcker

---

*) Staatssocialist No. 4 vom 20. Januar 1878.
**) Scheel a. a. O. 97.

und seine Steifleinenen, so lange sie einen ehrlichen Kampf gegen die Socialdemokratie kämpften, das Banner der Monarchie aufwarfen, denn sie standen unzweifelhaft einer antimonarchischen Partei gegenüber. Aber seitdem jene Agitation aus unserem öffentlichen Leben verschwunden ist, seitdem öffentlich auf deutscher Erde nur noch Parteien bestehen, welche alle= sammt die deutsche Monarchie als einen rocher de bronce betrachten, dessen Fuß nicht einmal von den Wellen des politischen Kampfes genetzt werden darf, seitdem die christlich=sociale Partei ihren Kampf gegen den ge= sammten Liberalismus, ja selbst gegen die freiconservative Partei führt, seitdem ist ihr Versuch, das nationale Königthum in einen erbitterten, von ihr selbst vergifteten und verhetzten Parteistreit zu ziehen, ist ihre angebliche Erbpacht der monarchischen Gesinnung sittlich eine unverschämte Frechheit und politisch eins von beidem: entweder eine namenlose Thorheit oder ein namenloses Verbrechen.

Natürlich ist ein so ehrwürdiger Mann, wie Herr Hofprediger Stöcker, weder ein Thor noch ein Verbrecher; er muß also wohl andere Gründe gehabt haben, die „monarchische" Gesinnung als zweiten Grund= pfeiler seines Programms aufzurichten. Da profane Urtheiler die Tiefe dieses Geistes schwer zu durchdringen vermögen und ihm leicht beklagens= werthes Unrecht thun könnten, so ist es nothwendig, auf diejenigen Zeugen zurückzugehen, welche Herr Stöcker selbst den Arbeitern als die wissenschaftlichen Pathen seines Programms darzustellen liebt. Es sind auch wirklich zwei gelehrte und scharfsinnige Männer, nämlich Hans v. Scheel und Emile de Laveleye. Scheel sagt nun Folgendes über die „monarchische" Grundlage des christlich=socialen Programms: „Es scheint darnach so, als ob der Monarch ohne parlamentarische Mit= wirkung, eventuell unter Beseitigung des parlamentarischen Widerstandes, sociale Reformen ausführen solle oder könne. Einen anderen Sinn kann die Betonung des monarchischen Elements hier wohl nicht haben, da eine Gefährdung derselben als bestehender Einrichtung nicht vorhanden ist." *) Und Laveleye, nachdem er ausführlicher dar= gelegt hat, daß die christlich=sociale Partei einen Despotismus erstrebe, wie ihn die altgriechischen Tyrannen, Cäsar und — Napoleon III. durch= zuführen versucht hätten, urtheilt so: „Cet idéal du bon despot, assurant à chacun sa part de félicité terrestre, a un certain reflet messianique qui peut séduire, surtout quand le mécanisme parlementaire tourne à

---
*) Scheel a. a. O. 95.

vide ou se détraque. Mais qui garantit, que le despote ne sera pas un fou, un idiot ou un méchant? Le césarisme a trop mal réussi pour qu'on y revienne, volontairement du moins." *) Nach Aussage dieser beiden wissenschaftlichen Zeugen, welche Herr Stöcker selbst berufen hat, bedeutet also die „monarchische" Grundlage des christlich=socialen Programms nichts anderes, als den Umsturz der bestehenden Landesverfassung, als die Rückkehr zum absoluten Staate, in welchem socialpolitisch die Junkerkaste die einflußreichste und mächtigste war. Neben dem ersten Grundstein der pfäffischen ist passend der zweite Grundstein der junkerlichen Herrschsucht eingemauert, beide als tragende Stützen eines Arbeiterprogramms.

Soviel über die allgemeinen, christlich=socialen Grundsätze, welche Herr Hofprediger Stöcker ohne allen Zweifel ernstlich durchzuführen bestrebt ist. Ich könnte damit schließen, doch entdecke ich eben noch, daß ich eine der socialwissenschaftlichen Größen, auf welche sich die christlich=sociale Bewegung zu beziehen pflegt, noch nicht habe sprechen lassen. Es ist wiederum ein gelehrter, scharfsinniger Mann, eine aufrichtige, edle, gerade Natur, kein Geringerer als F. A. Lange, den nun schon nach einem Leben voll Arbeit und Mühe, aber auch voll glänzender Geistessiege lange die stumme Erde deckt. Diesen erlauchten Geist beschwor der „Staatssocialist" zu Ehren und zu Gunsten Stöckers; er sagte, wenn Lange das agitatorische Auftreten des Hofpredigers erlebt hätte, würden seine „christlichen Hoffnungstriller in den Jubeltönen des Frühlings" erklungen sein.**) Der Ekel, welcher jeden ehrlichen Menschen schüttelte, der diese heuchlerische Tirade des muckerischen Blattes las, hat sich in bald vier Jahren einigermaßen verflüchtigen können und so mögen hier wenige Sätze verzeichnet werden, die Lange mit erzenem Griffel in seiner „Geschichte des Materialismus" niederschrieb, gleich als hätte er vorahnend geschaut, welche Hyänen um seine Gruft schleichen würden: „Die moderne Orthodoxie hat von Haus aus eine negative Tendenz. Was die Anhänger dieser Richtung positiv nennen, ist ein dürrer Pfahlzaun von Formeln gegen den Andrang des geistigen Fortschritts. Ihr innerstes Wesen besteht darin, gegen den Sündenlohn von Orden, Titeln und Gehältern die Wissenschaft, die industrielle

---

*) Laveleye, le socialisme contemporain 175. Scheel und Labeleye sind es, von denen Herr Stöcker den Arbeitern vorredet, daß diese „berühmten Nationalökonomen" das christlich=sociale Programm billigten und als ich ihm in der „Weserzeitung" die obigen Citate vorhielt, verleumdete mich dieser christliche Geistliche in seinem Wahlflugblatte vom 25. October b. J. als einen „Lügner"!!!

**) Staatssocialist No. 11 vom 9. März 1878.

Arbeit und die **bürgerliche Freiheit** zu bekämpfen, um denjenigen Mächten, welche in einer neuen und höheren Ordnung der Dinge keinen Raum mehr finden, eine längere Frist der Ausbeutung unserer Generation zu verschaffen." Angenehme „Hoffnungstriller" und „Jubeltöne" in der That, aber — wozu die Streitlust auf die Spitze treiben? So mag denn der „Staatssocialist" Recht behalten und Niemand Herrn Hofprediger Stöcker tiefer bis in die innersten Falte seines Wesens erkannt haben, obgleich er ihn niemals mit leiblichen Augen sah, als Friedrich Albert Lange.

V.
Eine kurze Einschaltung über das Reichsunfall-versicherungsgesetz.

Nachdem somit die allgemeinen Grundsätze des christlich-socialen Programms geprüft worden sind, wird ein kritischer Blick auf seine besonderen Forderungen zu werfen sein, auf diejenigen Maßregeln, welche es zur Lösung der Arbeiterfrage vom Staate verlangt. Dieselben haben, wie gesagt, weder einen specifisch christlichen, noch einen specifisch monarchischen Charakter; sie könnten, wie auch Scheel hervorhebt, ebenso gut von andern Parteien aufgestellt werden und in der That sind sie zum großen Theile liberalen, zum kleineren Theile socialistischen Programmen entnommen. Nun wäre das an sich natürlich kein Fehler, denn es kommt nicht auf ihren Ursprung, sondern auf ihren Werth an und wenn Herr Stöcker theilweise auch liberale Gedanken durchsetzen will, so kann ihm selbstverständlich nur alles Glück dazu gewünscht und es könnte ihm gern nachgesehen werden, wenn er sich dabei mit fremden Federn schmückte. Er behauptet denn nun auch in der That, diese Forderungen durchsetzen zu wollen und will durch sie sogar erst den Reichskanzler zu seinen socialreformatorischen Plänen angeregt haben, in welchen die Gedanken des christlich-socialen Programms „wesentlich" enthalten sein sollen. Um die Berechtigung einer so stolzen Zuversicht zu prüfen, ist es unerläßlich, zunächst einmal an dem Reichsunfall-versicherungsgesetze als der einzigen Maßregel, in welcher bisher die Socialreform unseres leitenden Staatsmannes klare und unzweideutige Gestalt gewonnen hat, genauer zu untersuchen, weß Charakters und Wesens dieselbe eigentlich ist.

Zunächst ist es ein großes und unbestreitbares Verdienst des Fürsten Bismarck, diese Fragen endlich einmal in raschen und starken Fluß gebracht, sie so in den Schwerpunkt unserer nationalen Entwicklung geschoben zu haben, daß sie nicht eher wieder von der Tagesordnung verschwinden werden, bis sie so oder so gelöst sind. Bei Erlaß des Socialistengesetzes hatte zwar alle Welt die besten Absichten, bekundete alle Welt die klarste Einsicht, daß dies Polizeigesetz keinen andern Zweck habe, als die arbeitenden Klassen einem revolutionären Wühlerthum zu entreißen, um sie durch praktische und positive Reformen des modernen Arbeitsrechts wieder mit der heutigen Ordnung der Dinge zu versöhnen. Indessen es ist ja bekannt, daß mit dem Verschwinden der socialdemo= kratischen Agitation alle socialreformatorischen Pläne glücklich ein= schlummerten und auch heute noch in einem wahren Dornröschenschlaf liegen würden, wenn sich nicht die geniale Kraft des Fürsten Bismarck durch das wuchernde Gestrüpp der Einbildungen und der Vorurtheile breite Bahn gebrochen hätte, sie wieder zu erwecken. Weder Parlament noch Presse hätten diese Arbeit vollbracht oder auch nur vollbringen können; in beiden war unzweifelhaft viel guter Wille rege, aber sie sind zu vielköpfige, zu bunt zusammengesetzte Erscheinungen, als daß die vorwärts drängende Kraft der Einen nicht durch die schwankende Unbe= weglichkeit der Andern, wobei gemeiniglich die Einen links und die Andern rechts zu suchen waren, völlig aufgehoben worden wäre. Jede durchgreifende Socialreform verletzt tausend berechtigte oder unberech= tigte Kreise, stört unsanft hunderttausend berechtigte oder unberechtigte Anschauungen, so daß man auf jede Triebkraft immer gut und gern zehn Bleigewichte rechnen kann. Auch die englischen Socialreformen dieses Jahrhunderts sind weit mehr dem durchfahrenden Willen einzelner, herrschgewaltiger Naturen von Staatsmännern, als der großen Masse des Parlaments zu danken gewesen. Fürst Bismarck nun hat durch das Anfassen der socialen Reform so viel ellenlange Perrücken aus= geklopft, so viel Spinnweben zerstört, so viel schiefe und schielende Vor= urtheile in den Kehrichtwinkel der Zeitgeschichte geworfen, daß wer nur immer politisch und psychologisch einigermaßen auf diesem Gebiete bewandert ist, seine aufräumende Thätigkeit nicht anders als preiswürdig finden kann. Es war eine Art von Herkulesarbeit, die sich getrost neben jedes andere, unsterbliche Verdienst des Reichskanzlers stellen darf.

Ferner aber hat er auch mit dem Unfallversicherungsgesetz das Brett gebohrt, wo es am dicksten war; er hat den Hebel da angesetzt, wo die träge Masse der socialpolitischen Uebelstände am dringendsten bewegt werden mußte und am leichtesten zu bewegen war. Bei der

Haftpflicht handelte es sich nicht nur um eine bisher unzulängliche Berücksichtigung der Arbeiterinteressen, nicht nur um ihre Beschränkung auf verhältnißmäßig wenige Gewerbe, um die mangelnde Sicherstellung der Arbeiter und Arbeiterfamilien gegen die Folgen auch solcher Unfälle, bei denen weder eine Schuld des Unternehmers noch des Arbeiters nachweisbar ist, beiläufig der großen Mehrzahl aller Unfälle u. s. w., sondern auch um die Verkehrung einer gutgemeinten Maßregel in ihr Gegentheil, um ein den Arbeitern theoretisch verliehenes Recht, das für sie praktisch ein Unrecht geworden war und also ganz besonders verbitternd wirken mußte. So wie die Dinge gegenwärtig liegen, übertragen leider nur zu viele Unternehmer ihre Haftpflicht einfach auf eine Unfallversicherungsgesellschaft, überlassen ihr die Regelung der Ansprüche verletzter Arbeiter und kümmern sich, falls sie sonst gewissenlos genug dazu sind, womöglich gar nicht mehr um Gesundheit und Leben ihrer „Hände." Es tritt nicht selten der Fall ein, wie die Berichte der Fabrikinspectoren nachweisen, daß der Fabrikant, um die Ansprüche der Arbeiter überhaupt niedrig zu erhalten, seine Ansicht eher zu Gunsten der Versicherungsanstalt als seiner Arbeiter einrichtet. Dies erschwert die gütliche Einigung, die ohnehin nicht leicht ist, weil einerseits der Arbeiter von seinen guten „Freunden", zu denen sich in solchen Fällen noch gewissenlose Winkelconsulenten gesellen, aufgehetzt wird und andererseits bei vielen Versicherungsgesellschaften sich die Praxis ausgebildet hat, ein= für allemal keine Entschädigung zu zahlen, ohne von den Gerichten verurtheilt zu sein. Zudem erlischt der Anspruch auf Schadenersatz in zwei Jahren, und so schreitet der Arbeiter zum Proceß. Die erste Folge ist dann meist seine Entlassung, weil es sich mit Erhaltung der nothwendigen Disciplin schwer verträgt, daß Arbeitgeber und Arbeiter processiren. Vor dieser Möglichkeit schreckt mancher Arbeiter zurück; das augenblickliche Dasein ist ihm lieber, als der ungewisse Ausgang eines Processes, der schon deshalb unsicher ist, weil der Verletzte auf das Zeugniß seiner Mitarbeiter, die um seinetwillen ihre Stellung nicht verlieren wollen, nicht immer rechnen kann und weil ihm die Mittel fehlen, sich einen tüchtigen Rechtsbeistand zu verschaffen. Läßt er sich aber doch auf den gerichtlichen Weg ein, so tritt die Versicherungsgesellschaft an die Stelle des verklagten Unternehmers und führt den Proceß. Während der Kläger zu beweisen hat, daß er durch die Schuld seines Brodherrn verunglückt ist, tritt ihm ein sachverständiger Beamter der Gesellschaft entgegen und erbietet sich zum Gegenbeweise; bei seiner großen Gewandtheit wird es ihm gemeiniglich nicht schwer, dem Verunglückten ein eigenes Verschulden nachzuweisen. In der Regel schleppen sich die Processe jahrelang fort; *) der geschädigte Arbeiter muß alles opfern, was er besitzt, um zu seinem Rechte zu gelangen, das er bei den ungleichen Waffen, mit denen gekämpft wird, doch nicht oder nur in seltenen Fällen erlangt. Gewiß schreien diese Zustände zum Himmel und erfordern die dringendste Abhilfe. Man muß aber weiter anerkennen, daß ganz und gar nicht abzusehen ist, wie diese Abhilfe auf dem Boden der bestehenden Haftpflichtgesetzgebung wirksam geschafft werden soll. Ein Theil unserer Fabrikanten versichert in höchst anerkennenswerther Weise seine Arbeiter gegen alle, auch die nicht haftpflichtigen Unfälle. Hierin liegt ein großer Fortschritt, aber er ist allgemein nicht durchzuführen, weil die sachgemäße Gruppirung der Gefahrenklassen schwer ist, die Prämien meistens unverhältnißmäßig hoch sind und namentlich kein genügender Schutz gegen Leichtsinn und Sorglosigkeit der Arbeiter geboten wird. Denn dies Moment spielt gleichfalls eine gewichtige Rolle in der Frage. Die Fabrikinspectoren berichten theilweise Unglaubliches darüber, wie die sorgfältigsten Schutzvorrichtungen der Unternehmer, sobald sie nicht niet- und nagelfest gemacht sind, aus Bequemlichkeit und Großthuerei von den Arbeitern selbst beseitigt werden. Ebenso wenig würde die Uebertragung der Beweislast auf die Unternehmer eine durchgreifende Hilfe schaffen. Für viele Fabrikanten würde die Haftpflicht dadurch eine zu schwere Bürde werden und wenn das Geschäft zusammenbricht, hat offenbar der Arbeiter so wenig etwas, wie der Unternehmer. Zudem blieben auch bei dieser Regelung der Frage die schlimmsten Uebelstände bestehen, welche das heutige Haftpflichtgesetz zu einer Quelle socialen Unfriedens gemacht haben. Es fehlte ein genügender Schutz gegen Fahrlässigkeit und Gewissenlosigkeit der Arbeiter; es bliebe bei dem leidigen Processiren, genug man käme auf diesem Wege keineswegs aus dem verderblichen Kreise heraus, in welchem man sich gegenwärtig befindet. Bei dieser Lage der Dinge that der Reichskanzler sehr wohl daran, einen neuen Weg einzuschlagen und wenn er als Ziele desselben die Ausdehnung der Haftpflicht auf alle Gewerbe, den Schutz der Arbeiter gegen alle Unfälle und den gänzlichen Ausschluß des leidigen Processirens zwischen Arbeitgebern und Arbeitern hinstellte, so läßt sich dagegen weder vom liberalen,

---

*) Beispielsweise war ein Proceß, der wegen eines im März 1875 stattgehabten Unfalls angestrengt wurde, Ende Januar 1880 noch nicht ausgetragen. Berichte der Fabrikinspectoren für 1879. 103.

noch sonst einem verständigen Gesichtspunkte aus etwas sagen, denn um diese Ziele kommt keine Partei herum, welche ehrlich und wahrhaft den augenblicklich verworrensten Knoten des nationalen Arbeitsrechts lösen will.

Demnach betreffen die tiefgreifenden Meinungsverschiedenheiten, an denen das Reichsunfallversicherungsgesetz scheiterte, weit weniger das Wesen, als die Form der Sache, aber allerdings die Form greift hier so tief und weit, daß sie bestimmend auf das Wesen wirkt und es ist nicht übertrieben zu sagen, daß von der endgiltigen Gestaltung der Haftpflichtfrage ganz und gar bestimmt wird, ob die sociale Reform von vornherein ein unser ganzes nationales Dasein erfrischendes und hebendes Element wird oder aber sich in eine Sackgasse vielleicht sehr großartiger, aber schließlich doch immer ungenügender Versuche verirrt. Um diesen Unterschied klar zu stellen, mag es gestattet sein, hier in kurzen Zügen die Entwicklung der Unfallversicherungsfrage zu zeichnen, wie man sie sich vor dem Eingreifen des Reichskanzlers in den höheren, preußisch-deutschen Beamtenkreisen dachte, welche in erster Reihe die Gestaltung der socialpolitischen Gesetzgebung beeinflußten.*) Es galt zunächst, die Unfälle möglichst einzuschränken; hierzu waren unerläßliche Erfordernisse eine energische Ausbildung des Fabrikinspectorwesens, ferner die obligatorische Verpflichtung der Unternehmer, alle in ihren Betrieben vorkommenden Unfälle behördlich sofort anzuzeigen, endlich der Erlaß technischer Schutzvorschriften, deren Einführung den Arbeitgebern, deren Benutzung und Schonung den Arbeitern bei strenger Strafe zu gebieten wäre. Nach dieser Einschränkung der Unfälle auf die denkbar geringste Zahl erschien eine gründliche Beseitigung des augenblicklichen, durchaus chaotischen Zustandes des Haftpflichtwesens als unerläßlich, aber man hoffte, die nothwendige Reform als organisches Glied in unsere heutige Erwerbsordnung einreihen zu können. Man ging von dem unanfechtbarsten Grundsatze jeder gesunden Volkswirthschaft aus, von dem Grundsatze nämlich, daß jedes gewerbliche Unternehmen seine Kosten

---

*) Die obigen Ausführungen stammen aus erster Quelle. Seit dem Bestehen der Fabrikinspectoren hatte ich mich bemüht, sowohl in großen Tageszeitungen, wie in wissenschaftlichen Zeitschriften das Interesse der gebildeten Lesewelt für diese segensreiche Einrichtung zu erwecken. Diese meine Bemühungen hatten ohne jedes Zuthun von meiner Seite das Glück, die Aufmerksamkeit der angedeuteten Kreise auf sich zu lenken und es wurde mir von dort aus, gänzlich aus freiem Antriebe, der Wunsch zu erkennen gegeben, ich möchte die oben näher dargelegte Regelung des Haftpflichtwesens in meiner schriftstellerischen Thätigkeit möglichst fördern.

selbst zu tragen hat. Das heißt: es hat nicht nur für Erhaltung und Ersetzung des todten, sondern auch des ungleich werthvolleren, lebendigen Capitals Sorge zu tragen. Daraus ergiebt sich von selbst, daß die nothwendigen Ausgaben auch für alle außerordentlichen Unfälle aus den allgemeinen Geschäftsunkosten zu decken sind. Nun liegt auf der Hand, daß zur Tragung der Last, welche dieser Grundsatz in sich schließt, der einzelne Unternehmer für sich allein, besonders der kleinere und kleine Unternehmer nicht befähigt ist; zur Ausgleichung des oft sehr nachhaltig tückischen Zufalls bedarf es der Vereinigung. Und zwar liegen für die Art der Vereinigung die Fingerzeige wieder in der Sache selbst. Sie muß einerseits gewerblich, andererseits örtlich gegliedert sein. Gewerblich, weil die Gefahren für Gesundheit und Leben der Arbeiter und demgemäß auch die Wahrscheinlichkeitsberechnung der Unfälle bei den einzelnen Gewerben äußerst verschieden sind und Versicherungsverbände auf Gegenseitigkeit, an welchen alle Gewerbe sich durch einander betheiligten, niemals in verständiger Weise gegründet werden und bestehen könnten. Oertlich, sei es in einer Gemeinde oder in einem Kreise, weil ein nur aus Nächstbetheiligten zusammengesetzter Verein vor Allem für möglichste Verhütung von Unfällen, demnächst aber auch für eine gerechtere Entschädigung derselben sorgen wird, da ihm die nähere Kenntniß der Familien= und wirthschaftlichen Verhältnisse seiner Arbeiter Verpflichtungen auferlegt, die einer fernstehenden Gesellschaft stets fremd bleiben. Somit wären vom volkswirthschaftlichen Gesichtspunkte aus gewerbliche Orts=, beziehungsweise Kreisversicherungsverbände auf Gegenseitigkeit der erste Schritt auf dem Wege zu einer gesunden Unfallversicherung.

Aber dieser Gedanke ist nun wieder nach zwei Richtungen hin der Erweiterung und Vertiefung ebenso bedürftig wie fähig. Erstens können auch jene Orts= oder Kreisverbände von Unglücksfällen betroffen werden, welche sie nicht fähig sind zu tragen; es ist daher nöthig, daß sie sich an einen größeren Versicherungskreis anzulehnen vermögen, das heißt, daß sie sich zu größeren Vereinigungen, sei es für den Regierungsbezirk oder die Provinz oder auch den Staat zusammenschließen können, natürlich immer nur innerhalb jedes einzelnen Gewerbes. Zweitens aber weist der Zweck dieser Genossenschaften unabweislich auf die Heranziehung der Arbeiter zu den Versicherungsbeiträgen hin. Soll der Arbeiter nicht leichtsinnig und sorglos handeln, wie er es jetzt nur allzu häufig thut, selbst wo es einzig und allein auf den Schutz seiner gesunden

Glieder und seines Lebens ankommt, so muß er in das Interesse der Versicherungsgenossenschaft gezogen werden; es giebt keine ernstere Mahnung zur Vorsicht, als seine persönliche Beitragspflicht.*) Selbstverständlich müßte er dann auch entsprechenden Antheil an der Geschäftsführung haben. Die Betheiligung der Arbeiter bei Verwaltung der Kassen, bei Beurtheilung der Entschädigungsfrage würde nicht nur nicht bedenklich, sondern im Gegentheil sehr nützlich sein. Ihre Theilnahme würde solchen Kassen das größte Vertrauen ihrer Kameraden erwerben, und ferner ist es eine bekannte Thatsache, daß die Arbeiter im Punkte der Entschädigung äußerst genau und sparsam verfahren.

Den Schlußstein dieses allmähligen Aufbaus würde dann schließlich das Eingreifen des Staates bilden, welches sich darauf beschränken könnte und müßte, die Bildung solcher Genossenschaften allgemein anzuordnen, gesetzliche Normen für sie aufzustellen, Unternehmer und Arbeiter zum Beitritt zu verpflichten. Diese staatliche Thätigkeit wäre nicht nur möglich, sondern auch durchaus gesund und wohlthätig; selbst die wissenschaftlichen Gegner des Arbeiterversicherungszwangs, welche, wie beispielsweise Brentano, ausführen, daß der Staat, da er kein Einkommen aus Arbeit gewährleiste, von dem die Versicherungsbeiträge regelmäßig gezahlt werden könnten, niemals einen wirksamen Versicherungszwang anordnen könne, geben auch ihrerseits zu, daß die Unfallversicherung eine Ausnahme bilde und zwar aus dem einfachen Grunde, weil in diesem Falle immer, so lange die Gefahr dauert, gegen welche versichert wird, ein Einkommen aus Arbeit vorhanden ist.**) Aus diesem Grunde ist auch der etwaige Einwand hinfällig, daß die Heranziehung der Arbeiter zu den körperschaftlichen Verbänden, auf denen die Unfallversicherung beruhen soll, nicht durchzuführen sei, weil sie die Versicherungsbeiträge nicht leisten oder nicht genügend leisten könnten. Ueber die sachlichen Einzelheiten dieser Frage lassen sich bei dem Mangel einer irgend brauchbaren Statistik ja heute noch keine erschöpfenden Vorschläge machen; es läßt sich noch nicht einmal sagen, wie endgiltig das Verhältniß

---

*) Daß vielfach, wo jetzt die Unternehmer die Beiträge für die Versicherung gegen alle Unfälle aus ihrer Tasche zahlen, die Unachtsamkeit der Arbeiter und ihre Vernachläßigung der Vorsichtsmaßregeln in stetem Wachsen begriffen ist, wird, wie schon in früheren, so auch in den Berichten der Fabrikinspectoren für 1880 nachdrücklich hervorgehoben.

**) Brentano, der Arbeiterversicherungszwang, seine Voraussetzungen und seine Folge 36 und f.

zwischen den Beiträgen der Arbeitgeber und der Arbeitnehmer sein soll. Die Bestimmung des Reichsunfallversicherungsgesetzes, wonach die Arbeitgeber zwei Drittel, bezw. die Hälfte, die Arbeiter ein Drittel, bezw. die Hälfte zu zahlen haben, kann nur so lange, wie Brentano treffend sagt, als eine Auskunft der Verlegenheit betrachtet werden, bis auf dem Wege der Erfahrung für jedes Gewerbe ermittelt ist, in welchem Verhältnisse die einzelnen Kategorien der Unfälle, also insofern sie durch Schuld der Arbeitgeber oder der Arbeiter oder aber durch Zufälle entstehen, welche die Schuld jedes der beiden Theile ausschließen, sich zu einander verhalten. In einem größeren, wissenschaftlichen Werke, welches u. A. auch mit schlagenden Gründen die Reichsversicherungsanstalt und den Reichszuschuß bekämpft, ist jüngst nach allgemeinen Schätzungen eine Rechnung aufgemacht worden, wonach bei den Voraussetzungen des Unfallversicherungsgesetzes und bei der Annahme eines durchschnittlichen Arbeiterjahresverdienstes von 750 Mark wöchentlich etwa 5 Pfennig Beitrag auf den einzelnen Arbeiter entfallen würden, um eine wirksame Unfallversicherung herbeizuführen.*) Sei diese Ziffer aber nun richtig oder nicht, jedenfalls wird unter allen denkbaren Umständen der Beitrag des einzelnen, auch des schlechtestgelohnten Arbeiters so gering sein, daß er niemals — da der Arbeiter, wie gesagt, während der Dauer der Unfallversicherung immer Arbeit hat — eine unerschwingliche oder auch nur eine drückende Last darstellen wird, wenn der Arbeiter dafür die selbstthätige Theilnahme an der Verwaltung der Versicherungsverbände und ihrer Kassen erhält.

Wie wohlthätig ein gemeinsames Band dieser Art socialpolitisch auch nach anderen Richtungen wirken, wie diese Einrichtung im besten Sinne des Worts die Arbeiter erziehen würde, bedarf keines eingehenden Nachweises. Die Versicherungsverbände würden auch, hierin im Einvernehmen mit den Fabrikinspectoren, dafür zu sorgen haben, daß überall auf genügende Schutzvorkehrungen, sowie auf Beachtung der gleichmäßigen Bestimmungen hinsichtlich eines vorsichtigen Verhaltens der Arbeiter, einer angemessenen Kleidung ꝛc. das nöthige Augenmerk gerichtet würde, kurz sie hätten zugleich eine gegenseitige Beaufsichtigung des Betriebes durchzuführen. Sodann würden sie, zur Entscheidung streitiger Fälle über Schadensansprüche und die Höhe derselben, Schiedsgerichte zu bestellen haben; auch könnten sich leicht Kranken- und Invalidenkassen aus ihnen entwickeln und auch die Ausdehnung der Haftpflicht auf das, durch die

---
*) Stöpel, Freie Gesellschaft 302.

Art des Gewerbes bewirkte, frühzeitige Altern und Sterben ließe sich auf diesem Wege am leichtesten lösen. Alles in Allem: es lägen sehr aussichtsvolle Anfänge zur Bildung gewerblicher Fachgenossenschaften vor, welche in durchaus gesunder und organischer Weise Arbeitgeber und Arbeiter mit einander verbinden, somit der atomistischen Zersplitterung des Proletariats einen kräftigen Damm entgegensetzen würden; es wäre ein Keim gepflanzt, aus dem sich in natürlichem Wachsthum, Blüthe um Blüthe und Frucht um Frucht, die ganze weitere Socialreform entfalten würde.

Hält man nun neben diese Gedankenreihe die socialreformatorische Politik des Reichskanzlers, so fällt zunächst auf, daß dieselbe von den unerläßlichen Vorbereitungen einer heilsamen Unfallversicherung nichts wissen zu wollen scheint. Das Dasein und die Wirksamkeit der Fabrikinspectoren ist glücklicher Weise gesichert worden, ehe die neue Wirthschaftspolitik begann; es ist eine allbekannte und vielbeklagte Thatsache, daß man heute dieser Einrichtung, die in England so glänzende und glorreiche Erfolge aufzuweisen hat, und auch in Deutschland trotz ihres kurzen Bestehens und ihrer noch unvollkommenen Gestaltung manchen stattlichen Fortschritt verzeichnen darf, nichts weniger als gewogen ist. Ein Gesetzentwurf über die obligatorische Anzeigepflicht der Unternehmer ist zwar im preußischen Handelsministerium ausgearbeitet und auch bis in den Bundesrath gelangt, aber hier an dem Widerspruche des Reichskanzlers gescheitert; er ist in etwas räthselhafter Weise verschwunden, ohne bisher wieder aufzutauchen.*) Ebenso ist die Ausarbeitung technischer Schutzvorrichtungen in einem Sachverständigenausschusse erfolgt, aber obgleich dieselben hier schon mit so vielen Handschellen und Maulkörben („insofern es der Betrieb gestattet", „insofern es die Eigenart des Betriebes zuläßt", „Abweichungen können von der Aufsichtsbehörde gestattet werden" ꝛc.) geknebelt worden sind, daß ihre praktische Wirksamkeit nicht bedeutend hätte werden können, sind sie bis heute von dem Bundesrath nicht erlassen worden. Unter — endgiltigem oder vor-

---

*) Die Fabrikinspectoren weisen, wie schon in ihren früheren, so auch in ihren Berichten für 1880 wiederum so gut wie einstimmig und in überzeugendster Weise nach, daß ohne die gesetzliche Anzeigepflicht eine gesunde Regelung der Unfallversicherung ewig unmöglich bleibt. Wenn eine solche, von der Praxis und Wissenschaft gleich dringlich geforderte Reform aus unbegreiflichen Gründen verweigert wird — kann man sich da wundern, daß die großartigen Pläne des Reichsunfallversicherungsgesetzes gerade in kundigen Kreisen auf allgemeines Kopfschütteln stoßen?

läufigem — Verzicht auf diese vorbereitenden Maßregeln tritt dann das Unfallversicherungsgesetz auf den Plan, gestützt auf die Reichsversicherungs-, bezw. ein paar Staatsversicherungsanstalten einer-, den Reichszuschuß andererseits. Es nimmt den chaotischen Zustand des Unfallwesens als eine gegebene und anscheinend unabänderliche Thatsache hin; die Unfälle sollen nicht nach Möglichkeit gemindert, sondern nur ihre Folgen nothdürftig ausgeglichen werden; alle erziehenden, das Selbstdenken und Selbsthandeln der Arbeiter, ihre organische Verbindung mit den Arbeitgebern fördernden Elemente sind sorgfältig ausgeschlossen; der ganze Stand soll erst recht an einen äußerst beklagenswerthen Zustand der Dinge geschmiedet werden, sei es immerhin auch mit silbernen Klammern. Das Gesetz lehnt jede methodische Heilung des Uebels, jede erziehende und hebende Staatshilfe ab; es giebt dem Staate nur die blendende, aber etwas wohlfeile Rolle des freigebigen Wohlthäters, während alles Uebrige in um so tieferem Dunkel bleibt; der Arbeiter erhält ein Almosen statt eines Werkzeuges, sich auf eine höhere Stufe der Gesittung und des Wohlstandes zu schwingen. Der Unterschied zwischen den beiden Methoden greift darnach breit und tief; zwei Weltanschauungen treten sich gegenüber, hier der absolute, wenn auch aufgeklärte und wohlwollende, dort der moderne Rechtsstaat. Hier der nothdürftige Verband einer schweren Wunde; dort eine innere Heilung, die den Genesungsproceß selbst in eine mächtige Förderung aller culturellen Interessen des Staats umschlagen läßt. Hier ein Act cäsaristischer Socialpolitik, wie sie schon häufig in der Weltgeschichte getrieben worden ist, bisweilen mit augenblicklichem Erfolge, immer mit schließlichem Zusammensturze; dort eine echt volksthümliche Gesetzgebung, welche den besten Kern der conservativen, der liberalen und auch der socialistischen Gedankenwelt einheitlich zusammenfaßt.

Hätten wir eine conservative Partei mit festen und selbständigen Anschauungen, so müßte sie in erster Reihe für die genossenschaftliche Regelung des Unfallversicherungswesens eintreten. Denn in ihr hätte sie das, was sie immer als das hauptsächliche Heilmittel unserer socialen Leiden, wenn auch immer nur in unmöglicher Form, gefordert hat; die Erneuerung des Innungswesens, soweit es auf dem Gebiete des Großbetriebes überhaupt durchführbar und möglich ist. In der That haben denn auch einzelne, weitsichtigere Führer und Zeitungen der conservativen Richtung darauf hingewiesen, daß die Unfallversicherung auf körperschaftliche Verbände gegründet werden müsse. Leider sind diese

Anregungen zu selten und zu zaghaft gewesen, als daß sie irgendwo tieferen Eindruck hätten machen können. Im Allgemeinen hat man sich, wie gewöhnlich, auf dieser Seite begnügt, die Wechsel der Regierung unbesehen zu acceptiren und über die Liberalen herzuziehen, als ob sie die Störenfriede jeder socialen Reform seien, während sie in diesem Falle doch nur den Fehler haben, den conservativen Gedanken besser zu verstehen, als die Conservativen selbst. Ernster und klarer hat man, wie gewöhnlich, auf ultramontaner Seite die inneren Zusammenhänge der Frage erkannt; die „Germania" namentlich hat im Großen und Ganzen, wenn auch mit einzelnen Schwankungen, nach der negativen wie nach der positiven Seite hin die richtige Stellung zu der Unfall= versicherungsfrage eingenommen.

Liberal ist ferner jene Reform der Haftpflicht durch und durch. Wächst sie doch wie von selbst aus dem Boden der liberalen Wirth= schaftsordnung hervor; hat der Zwang hier doch nur einen befreienden und lösenden Zweck; ist der Liberalismus doch von jeher der eifrigste Förderer des Genossenschaftswesens gewesen! Gerade die führenden Mitglieder und Preßorgane der nationalliberalen und secessionistischen Fraction, welch letzterer die officiösen Federn ja mit Vorliebe manchesterliche Gelüste nachzujagen sich erlauben, haben stets auf diesen Weg als die einzig heilsame und nützliche Lösung der Unfallversicherungsfrage hingewiesen.*) Die „Tribüne" hat jüngst in sehr dankenswerther Ent= schiedenheit betont, daß beispielsweise auch Bamberger, der noch in diesen Tagen von dem officiösen Hauptorgane als unversöhnlicher Feind jeder socialen Reform verketzert wurde, hierin ganz und gar keiner andern Meinung sei. Möglich immerhin, um den freiwilligen und unfreiwilligen Hetzern einen kleinen Trost zu gönnen, daß sich in diesen oder jenen vergessenen Winkeln der liberalen Parteien noch einige versteinerte Manchester= mumien befinden, auf die das Wort „Versicherungszwang" wirken mag, wie das rothe Tuch auf den Stier, allein das wäre eine sehr gleichgiltige und nebensächliche Frage und diese wenigen Leute, falls sie

---

*) So Herr v. Bennigsen in seiner Wahlrede zu Magdeburg und Herr v. Forden= beck in seiner Wahlrede zu Neuhaldensleben. Vergl. auch Weser=Zeitung No. 12278 vom 13. März und No. 12280 vom 15. März 1881, sowie No. 12409 vom 24. Juli 1881. Kölnische Zeitung No. 311 vom 9. November und No. 315 vom 13. November 1881. Hannoverscher Courier No. 9619 vom 12. März und No. 9621 vom 15. März 1879. Hamburgischer Correspondent No. 284 vom 13. October 1881. Tribüne No. 471 vom 14. October 1881 u. s. w.

überhaupt vorhanden sein sollten, würden wahrlich in einer so entscheidenden Frage auch nicht den Schatten eines Einflusses auf die Entschließung der großen, liberalen Masse gewinnen.

Am ehesten möchte es verwunderlich erscheinen, wenn der genossenschaftlichen Gestaltung der Haftpflicht auch ein im besten Sinne des Worts socialistischer Charakter nachgesagt wird. An sich klingt es vielleicht schon seltsam, diesen Gesichtspunkt überhaupt hervorzuheben, denn entweder ist der Gedanke gut, dann wird er dadurch nicht besser, daß er socialistisch ist oder aber er ist schlecht, und dann hilft ihm sein socialistisches Wesen auch nichts. Indessen da heutzutage jeder socialpolitische Vorschlag, der sich mit Ehren auf dem öffentlichen Markte sehen lassen will, mit dem „berechtigten Kerne der socialdemokratischen Forderungen" abgestempelt werden zu müssen scheint, so lohnt es sich immerhin, wenigstens einen flüchtigen Blick auf diese Seite der Sache zu werfen. Demnach also giebt es auf der weiten Welt nichts Thörichteres, als wenn der liberale Widerstand gegen das Reichsunfallversicherungsgesetz auf manchesterlichen Köhlerglauben zurückgeführt wird. Die officiösen Neunmalweisen fassen den socialistischen Gedanken denn doch ungleich flacher und roher auf, als irgend erlaubt ist, wenn sie glauben, sein Schwerpunkt liege darin, daß der Staat die untern Volksschichten oder einen Theil derselben durch unmittelbare Geldspenden unterstütze. Diese guten Leute und schlechten Musikanten haben einmal von Lassalles Hundertmillionenplan läuten hören, aber nicht genau erfahren, was es damit eigentlich auf sich hatte. Erstens hat Lassalle diesen Vorschlag niemals ernsthaft gemeint, wie aus seinem Briefwechsel mit Robbertus hervorgeht und zweitens, soweit er ihn als agitatorische Handhabe benutzte, hat er darunter alles andere eher verstanden, als eine aushelfende und dauernde Unterstützung der ärmeren Volksschichten. Vielmehr sind die socialistischen Denker, welche ein warmes Herz für die arbeitenden Klassen und eine wissenschaftliche Einsicht in die Bedingungen des Erwerbslebens bewährt haben, nicht sowohl dafür eingetreten, daß der Staat durch unmittelbare Spenden hier und da das Loos der Arbeiter erleichtere, als vielmehr dafür, daß er ihnen durch seine Einrichtungen und Gesetze mittelbar ermögliche, sich aus eigener Kraft einen höheren Antheil an den Früchten der modernen Cultur zu erwerben. Gerade Lassalle hat diesen Gedanken mit dem größten Nachdruck ausgeführt; er hat wieder und wieder betont, daß er die „Selbsthilfe" nicht nur nicht verwerfe, sondern sie vielmehr in weit ernsterem und tieferem

Sinne fasse, als seine freihändlerischen Gegner.*) Ueberhaupt sind „Staatshilfe" und „Selbsthilfe" keine Begriffe, die sich ausschließen, sondern die sich ergänzen; in schroffer Vereinzelung bleiben sie socialpolitisch immer nur halbe und schiefe Wahrheiten; der echte und volksfreundliche Socialismus besteht eben darin, beide in richtigen Einklang zu bringen und dies gerade ist der schwerste Vorwurf, welcher dem Reichsunfallversicherungsgesetze gemacht werden muß, daß es den Begriff der „Staatshilfe" ebenso beschränkt und einseitig faßt, als nur je der Begriff der „Selbsthilfe" von dem schroffsten Manchesterthume gefaßt worden ist. Deßhalb ist sein Socialismus falsch, während der Socialismus der körperschaftlichen Unfallversicherungsverbände gesund ist. Denn derselbe verlangt zwar eine lange Reihe staatlicher Maßregeln, die vorläufig wenigstens auch den stärksten Hunger nach „Staatshilfe" sättigen könnten, und thatsächlich — wenn das nun einmal ein Vorzug sein soll — viel tiefer in unsere wirthschaftlichen Verhältnisse einschneiden, als Reichsversicherungsanstalt und Reichszuschuß überhaupt thun würden, aber er führt doch auch wieder die „Staatshilfe" nur genau so weit, als nothwendig ist, um die „Selbsthilfe" zu ihrer vollen Kraft und Macht zu entfalten. Es mag hierfür noch das Zeugniß eines Mannes angeführt werden, der unter den socialistischen Denkern der Gegenwart immer einen allerersten Rang eingenommen hat und in manchesterlichen Dingen nicht einmal des Verdachts verdächtig sein kann, nämlich Schäffles. Derselbe schreibt, die Einwendung sei begründet, „daß eine Verwirklichung der Arbeiterversicherung ohne active Mitbetheiligung der Arbeitgeber und Arbeiter an der Verwaltung undurchführbar sei und die besten moralisch-politischen Früchte der Institution vereitele. Die rein bureaukratische Lösung führt zu Verschwendung, zu Corruption, zu Mißbrauch und droht dem Institut seine beste Frucht für sittliche Erziehung und politische Versöhnung des Arbeiterstandes zu rauben... Wird dagegen die Arbeiterversicherung in der Hauptsache eine zwangsgenossenschaftlich corporative Angelegenheit

---

*) „Es ist nicht wahr, daß ich Jemand hindere, durch seine eigene Kraft einen Thurm zu ersteigen, wenn ich ihm Leiter oder Strick dazu reiche. Es ist nicht wahr, daß der Staat die Jugend daran hindert, sich durch eigene Kraft zu bilden, wenn er ihr Lehrer, Schulen und Bibliotheken hält. Es ist nicht wahr, daß ich Jemand daran hindere, durch eigene Kraft ein Feld zu umackern, wenn ich ihm einen Pflug dazu reiche. Es ist nicht wahr, daß ich Jemand hindere, durch eigene Kraft ein feindliches Heer zu schlagen, wenn ich ihm eine Waffe dazu in die Hand drücke." Offenes Antwortschreiben 20.

der betreffenden Productionszweige in nationaler, territorialer und localer Abstufung, so fiele jede Befürchtung vor falscher Centralisation und bureaukratischem Staatssocialismus von selbst dahin, das Reich würde dann kein verdächtiger Geschenkebringer mehr sein."*) Ebenso entschieden erklärt sich Schäffle weiterhin gegen den Reichszuschuß als „dauernde und regelmäßige" Einrichtung, wenngleich er von vornherein weder eine Eventualbürgschaft der Gemeinde oder des Staats, wie sie bei Sparkassen stattfindet, noch staatliche Vorschüsse und Unterstützungen in außerordentlichen Zeiten, wie sie zu Gunsten gemeinnütziger Einrichtungen schon oft vorgekommen sind, noch auch im äußersten Fall für die Einführungszeit — da sich der gemeine Lohn den Lasten der Versicherungspflicht nicht sofort anschließe — einen allmählig aufhörenden Reichsbeitrag ausschließen will. Fragen, die ja bei genauerer Prüfung der Sache bejaht oder verneint werden können, aber jedenfalls das grundsätzliche Problem nur in ablehnendem Sinne streifen. In der letztgedachten Möglichkeit deutet Schäffle übrigens auf einen Umstand hin, der einen andern Kathedersocialisten sogar veranlaßt, den Reichszuschuß eine „schreiende Ungerechtigkeit" zu nennen.**) Es ist im Eingange dieses Abschnitts an den unbestrittensten Grundsatz aller gesunden Volkswirthschaft erinnert, dem zufolge jede gewerbliche Unternehmung ihre Kosten selbst zu tragen hat. Darnach gehören die Beiträge zur Unfallversicherung einfach zu den Erzeugungskosten der Waaren und der Reichszuschuß bedeutet nichts anderes, als daß das Reich diese Erzeugungskosten theilweise übernimmt, d. h., daß es den Consumenten und bei Waaren, die ausgeführt werden, den ausländischen Consumenten auf Kosten der Gesammtheit Geschenke macht.

Nun kann man allerdings noch einwenden, daß die Socialdemokratie selbst eine gewisse Theilnahme für das Reichsunfallversicherungsgesetz gezeigt habe; hat doch Bebel schon in der Reichstagssession von 1878 verlangt, der Staat solle Unfallversicherungskassen gründen und leiten, für welche er die Beiträge von den Arbeitgebern einzöge! Indessen die Geschenke dieser Danaer sollte man wirklich dreimal besehen, ehe man sie annimmt. In der That sind es drei Gründe, welche die socialdemokratischen Agitatoren zu jener taktischen Haltung veranlassen und einer ist immer dreimal so gefährlich, wie der andere. Zunächst können

---

*) Augsburger Allgemeine Zeitung No. 259 vom 16. Sept 1881.
**) Brentano a. a. O. 38.

die Führer der revolutionären Bewegung auf dies Gesetz als auf einen gewaltigen Erfolg ihrer Agitation hinweisen, wie Liebknecht schon im Reichstage sagte: „Nicht der Reichskanzler hat uns, sondern wir haben ihn". Ferner, wenn durch den Reichszuschuß als dauernde Einrichtung anerkannt wird, daß auf dem Boden der heutigen Gesellschafts- und Staatsordnung mindestens ein Theil der arbeitenden Klassen niemals durch eigene Kraft zu einem menschenwürdigen Dasein gelangen kann, sondern immer auf Reichsalmosen angewiesen bleiben muß, so wird der communistischen Demagogie ein so furchtbarer Trumpf in die Hand gespielt, wie sie ihn noch niemals besessen hat, ein Trumpf, der sie das ganze Socialistengesetz vergessen machen kann, denn er wiegt ihnen wahrlich die Früchte einer zehnjährigen Agitation auf. Endlich aber und vor allem, wenn unsere sociale Reform in die Wege einlenkt, welche das Unfallversicherungsgesetz vorzeichnet, dann schwindet die letzte Aussicht auf eine dauernde Versöhnung der arbeitenden Klassen mit dem modernen Staate.

Denn es kann nicht oft genug wiederholt werden, was immer wieder vergessen wird: die revolutionäre Bewegung unserer Arbeitermassen ist ein elementares, auf die Dauer unwiderstehliches Streben nicht nur nach einer materiellen, sondern in gleichem Maße und Umfange auch nach einer geistigen und sittlichen Hebung ihrer Lage. Die „Bildung" der Arbeiter hat heute einen üblen Klang und leider nicht völlig mit Unrecht; mit dem Schlagworte ist viel Mißbrauch getrieben worden, was gerade von den Liberalen als der hauptsächlich schuldigen Seite rückhaltlos zugegeben werden sollte. Wer den Arbeitern, die über materielle Uebelstände klagen, salbungsvoll vorredet, sie sollten sich nur „Bildung" verschaffen, dann würden sie schon emporkommen, der verhöhnt sie absichtlich oder unabsichtlich. Aber man verschütte nun auch nicht das Kind mit dem Bade und vergesse nicht, worauf schon vor Jahren grade einer unserer edelsten und mildesten Socialisten aufmerksam gemacht hat, daß die materielle Hebung der Arbeiter nicht von der intellectuellen und moralischen getrennt werden dürfe. Lange nennt sogar jede auf materielle Verbesserungen in der Lage der Arbeiter gerichtete Unternehmung „unbedingt verwerflich", wenn sie darauf berechnet ist, durch materielle Vortheile den Arbeiter wieder mit seinem bisherigen Zustande der Unwissenheit und Unterwürfigkeit zu versöhnen.*) Wer überhaupt hofft,

---

*) F. A. Lange, Arbeiterfrage 381.

durch unmittelbare Spenden des Staats die murrende Socialdemokratie besänftigen zu können, verkennt in tragischer Weise die innere Natur dieses ganzen Problems. Jedes dieser Geschenke wird äußerlich mit mehr oder weniger Anstand, innerlich mit grimmigem Hohnlachen eingesteckt und die fordernde Hand sofort nur um so dreister vorgestreckt werden. Mit dieser rasenden Preissteigerung der sibyllinischen Bücher kann dauernd auch der kühnste Staatsmann nicht mitkommen. Es hat einen tieferen Sinn, wenn sich die revolutionäre Arbeiterpartei nicht socialistisch, sondern socialdemokratisch nennt und wenn es gestattet ist, das berühmte Wort unseres vaterländischen Dichters anzuziehen, so muß man sagen: es wird keine Socialreform glücklich enden, die nicht mit einem vollen Tropfen demokratischen Oeles gesalbt ist. „Demokratisch" natürlich nicht im engeren, tagespolitischen Parteisinne, sondern in derjenigen Bedeutung des Worts, in welcher die wissenschaftliche Geschichtschreibung das neunzehnte Jahrhundert „demokratisch" zu nennen pflegt, in der Auffassung also, daß die Massen ungleich entschiedener und selbstbewußter in die geschichtliche Entwicklung unserer Zeit eingreifen, als es früher jemals der Fall gewesen ist. Bietet ihnen der Boden des modernen Staats nicht oder nicht mehr einen hinlänglich fruchtbaren Spielraum für die Bethätigung ihrer geistigen, sittlichen und wirthschaftlichen Kräfte, so staut sich eben die Flut und es droht eine verheerende Ueberschwemmung; es ist dann die höchste Aufgabe moderner Staatskunst, die überquellenden Kräfte auf würdige Ziele zu lenken, den ganzen Menschen zu erfassen und sein ganzes Dasein mit ernstem Inhalte zu erfüllen, so daß er sich nur noch als organischen Bestandtheil der Gesammtheit fühlt und die Sprengung des gesellschaftlichstaatlichen Verbandes einfach im Lichte eines Selbstmordes erblickt. Die genossenschaftliche Regelung der Unfallversicherung würde nun nicht nur die socialen, sondern auch die demokratischen Triebe der Arbeitermassen auf eine fruchtbare Thätigkeit lenken; sie wäre so ein erster Graben, in welchen sich die gestauten Wasser ergießen könnten, um die Fruchtbarkeit des ganzen Landes zu erhöhen, während das Reichsunfallversicherungsgesetz zwar materielle Erleichterungen den Arbeitern bringt, aber sie wie unmündige Kinder unter strenger Vormundschaft hält, so daß sie es nicht als eine ehrliche und versöhnende Handreichung, sondern als eine Handlung der Angst und Verlegenheit betrachten und dadurch nur noch mehr in ihrem revolutionären Trotze bestärkt werden würden.

Der Gedanke der genossenschaftlichen Regelung der Unfallversicherung liegt so sehr in der Luft unserer Zeit, daß der Reichskanzler selbst ihm einmal einen geradezu classischen Ausdruck gegeben hat. In seiner Reichstagsrede vom 2. April d. J. spricht er von der Ausdehnung der Unfallversicherung auf die ländlichen Arbeiter und denkt dabei an „eine Organisation, nach welcher die Zweige, die ihre Arbeiter versichert haben, in sich corporative Genossenschaften bilden, welche ihren wirklichen Bedarf an Entschädigungen durch Prämien in sich aufbringen und welche zugleich die genügende Controle über ihre Mitglieder dahin ausüben, daß die Einrichtungen überall so sind, daß der Genossenschaft mit denselben wenig Lasten erwachsen, mit anderen Worten, daß man das Interesse der mit= zahlenden Mitgenossen zum Wächter der Zweckmäßigkeit der Einrichtungen für Verhinderung der Unfälle macht." Es ist nun aber in aller Welt nicht abzusehen, weshalb den industriellen Arbeitern nicht recht sein soll, was den ländlichen Arbeitern billig ist. Auch in der kaiserlichen Bot= schaft, welche den Reichstag jüngst eröffnete, wird von einem „engeren Anschluß der socialen Reform an die realen Kräfte des Volkslebens und das Zusammenfassen der letzteren in der Form corporativer Genossen= schaften unter staatlichem Schutze und staatlicher Förderung" gesprochen. Die frohen Hoffnungen, welche solche Aeußerungen erwecken können, ersticken leider im Keime durch die doch nun einmal unumstößliche That= sache, daß die Reichsregierung bei ihrem ersten gesetzgeberischen Schritt auf dem Gebiete der socialen Reform ausdrücklich den genossenschaftlichen Weg verschmäht hat, daß sie lieber das Unfallversicherungsgesetz zerschellen ließ, ehe sie diesen Pfad betrat. Könnte sich der Reichskanzler trotzdem noch entschließen, ihn zu verfolgen, so wäre diesem Vorgehen selbst unter den augenblicklich so zerfahrenen Parteiverhältnissen des Reichstags eine überwältigende Mehrheit sicher und die sociale Reform gewönne einen Anfangs= und Ausgangspunkt, der in sich selbst die sicherste Bürgschaft ihrer gedeihlichen Weiterentwicklung tragen würde.

VI.
Was Herr Stöcker vom christlich-socialen Programm nicht ausführt.

Der geneigte Leser mag verzeihen, wenn der vorige Abschnitt ein wenig über den Rahmen dieser Schrift hinausragt; das Interesse des Gegenstandes verlockte zu einiger Ausführlichkeit und um so schneller kann Herr Stöcker abgefertigt werden. Er behauptet also, der Reichskanzler wolle „wesentlich" sein socialreformatorisches Programm durchführen; es wird demnach anzunehmen sein, daß er an die Spitze seiner „Forderungen an die Staatshilfe" die Arbeiterversicherung gestellt hat. Und in der That, das stimmt. Und es wird zweitens vorauszusetzen sein, daß Herr Stöcker die Arbeiterversicherung in bureaukratisch-centralistischem Sinne und mit Staatszuschüssen durchführen will. Aber nein, das stimmt nicht. Vielmehr verlangt er zu diesem Zwecke „Herbeiführung obligatorischer, fachlich geschiedener, aber durch das gesammte Reich hindurchgehender Fachgenossenschaften", also dem allgemeinen Sinn nach genau das, was die liberalen Parteien wollen und der Reichskanzler n i c h t will. Und wie könnte es auch anders sein, da Herr Stöcker die arbeiterfreundlichen Forderungen seines Programms größtentheils aus liberalen Programmen abgeschrieben hat!

Wohlgemerkt, unter den nöthigen Verballhornungen. Er versteht von diesen Dingen nichts, rein gar nichts, und auf eine Hand voll Noten kommt es ihm niemals an. Er verlangt, daß die Fachgenossenschaften nur die Arbeiter, nicht auch die Arbeitgeber zugleich einschließen sollen; er will nicht zunächst bei der Unfallversicherung einsetzen, die er als eine viel zu beiläufige Sache überhaupt gar nicht erwähnt, und von da aus sich die Dinge organisch entwickeln lassen, sondern er verlangt sofort zwangsweise Errichtung von Wittwen- und Waisenkassen, von Invaliden- und Alterversorgungsrentenkassen, ohne auch nur anzudeuten, wie diese schönen Sachen aus dem Boden gestampft werden sollen. Ueberhaupt möchten, soweit es sich erkennen läßt, seine obligatorischen Fachgenossenschaften eine gar zu große Aehnlichkeit mit den mittelalterlichen Zünften haben. Soweit es sich erkennen läßt, denn eine irgend erschöpfende Auskunft giebt Herr Stöcker über ihre Einrichtung nicht; er schleudert einige große Worte hin, gießt einige Tropfen vom Safte communistischen Bilsenkrauts darauf („Wie die Soldaten im Feuer des Schlachtfeldes stehen die Arbeiter im Feuer der Essen", „sie sollen nicht von der Gnade der Andern leben, sondern ihr Auskommen haben bis an ihr Grab" ꝛc.) und damit basta. Aber so viel ist klar und unzweideutig und so viel hat auch Herr Stöcker verstanden: er will die Arbeiterversicherung auf genossenschaftlichem Wege regeln. Und dies ist genau, was die liberalen Parteien wollen und was der Reichskanzler n i c h t will. Und während die liberalen Parteien wirklich wollen, was er selbst angeblich will, reist der „unlautere Mensch" im Lande umher, verleumdet den Liberalismus mit dem „Fanatismus und der Unwissenheit eines Bettelmönchs" als das Hinderniß jeder socialen Reform, rühmt sich selbst zu wollen, was der Reichskanzler wolle, während dieser nur wolle, was das christlich-sociale Programm wolle! Drei Unwahrheiten — oder wieviel? — auf einmal; billiger thut es der ehrwürdige Mann nun einmal nicht.

Im zweiten Abschnitt seiner „Forderungen an die Staatshilfe" handelt er vom „Arbeiterschutz" im Allgemeinen, von Sonntagsarbeit, Frauen- und Kinderarbeit, Schutz für Leben und Gesundheit der Arbeiter ꝛc. im Besonderen, lauter Dingen, welche die Liberalen verlangt haben, lange ehe von Herrn Stöcker die Rede war. Nur immer mit dem bewußten Unterschiede. Will man sehen, wie ein liberaler Socialpolitiker und ein christlich-socialer Demagoge solche Fragen erörtern, dann vergleiche man die Rede und die Thesen von Schmoller auf dem Kathedersocialisten-congresse vom 10. October 1877*) mit der Rede und dem Programm von Stöcker in der Versammlung der christlich-socialen Partei vom 25. Januar 1878. Dort die lauterste und reinste Liebe für den Arbeiterstand, die genaueste Kenntniß aller geschichtlichen, gewerblichen, staatsrechtlichen Verhältnisse, die sachlichsten, wohlerwogensten Reformvorschläge; hier eine demagogische Schmeichelei der Massen, eine haarsträubende Unkenntniß der thatsächlichen Verhältnisse, plump hingeworfene Schlagworte. Wenn Stöcker beispielsweise kurzweg „Abschaffung der Arbeit von Kindern und verheiratheten Frauen in Fabriken" verlangt, so ist ihm schon von einem sehr sachkundigen, dabei aber sehr milden und wohlwollenden Beurtheiler seines Treibens vorgehalten worden, daß die sofortige Erfüllung dieser Forderung im Interesse der „Geschützten" sehr zu bedauern wäre, da sie in vielen Gegenden einfach die Rückkehr zu der noch weit anstrengenderen und weniger lohnenden Hausindustrie veranlassen würde.**) Da Herr Stöcker, wie noch weiter gezeigt werden wird, an die Ausführung dieser Forderungen gar nicht denkt, lasse ich mich auf eine weitere Auseinandersetzung darüber mit ihm nicht erst ein; nur einen Punkt muß ich noch ausführlicher berühren, in welchem er wirklich die liberalen Parteien überflügelt — in Worten nämlich. Er fordert in diesem Abschnitt auch den „Normalarbeitstag, modificirt nach Fachgenossenschaften." Die gesetzliche Einführung eines Normalarbeits-

---

*) Mit denen sich damals beiläufig der „Manchestermann" H. B. Oppenheim in nachdrücklichster und wärmster Weise einverstanden erklärte.

**) Karl Roscher, Betheiligung ꝛc. 65.

tages für erwachsene männliche Arbeiter wird wenigstens von der überwiegenden Mehrheit der liberalen Parteien verworfen, weil um mit Schmoller zu sprechen, „eine solche Sorge die Selbstthätigkeit des Arbeiterstandes lähmt, die Ueberwachung ebenso schwierig wäre, als sie in unzähligen Fällen der Verschiedenartigkeit der praktischen Bedürfnisse unnöthigen Zwang anthun würde und endlich auch eine solche Bestimmung insofern überflüssig wäre, als in den Industrien, in welchen ein zehnstündiger Arbeitstag überhaupt wünschenswerth ist, dies Ziel nach und nach durch strenge Durchführung der Bestimmungen über Frauen- und Kinderarbeit von selbst erreicht wird."*) Hören wir nun, was Herr Stöcker darüber zu sagen hatte, als er sein Programm begründete! Es war Folgendes: „Einige andere Forderungen haben wir einfach von Ihnen (nämlich den Socialdemokraten) aufgenommen: Normalarbeitstag, was soll ich darüber reden? Das ist eine nothwendige Einrichtung, damit der Arbeiter seine Muße habe und nicht überlastet werde." Keine Silbe mehr und keine Silbe weniger. Reden läßt sich nun aber wirklich einiges über den Normalarbeitstag, dafür und auch dawider; selbst die Socialdemokraten, als sie ihn forderten, hielten es für anständig, in einer eigenen Schrift nachzuweisen, daß ihre Forderung rechtlich und sittlich begründet sei.**) Und hätte Herr Stöcker, da ihm die Lesung wissenschaftlicher Werke doch nicht zugemuthet werden darf, wenigstens nur diese wenigen Bogen durchflogen, dann hätte er vielleicht ausnahmsweise einmal einige Bedenken getragen, den Arbeitern leichtfertig in den Tag hinein Dinge zu versprechen, die er ihnen gar nicht verschaffen kann. Und auch gar nicht verschaffen will, wenn er anders ein getreues Mitglied der conservativen Partei ist. Denn schon lange ehe er auftrat, sagte 1876 die „Kreuzzeitung" in einer Reihe programmatischer Artikel von dem Normalarbeitstage: „Wir erblicken darin nur ein Handeln und Compromittiren mit dem revolutionären Socialismus und das Zugeständniß eines seiner Grundpfeiler, mit welchem eigentlich schon die ganze Consequenz der socialistischen, jede persönliche Freiheit vernichtenden und das gesammte volkswirthschaftliche Leben vom Staate aus regelnden „Organisation der Arbeit" gegeben, zugleich aber der „conservative" Socialismus wissenschaftlich auf den trügerischen Boden der liberalen Lehre von der Arbeit gestellt ist."***) Die Ansicht der „Kreuzzeitung"

---

*) Schmoller und Tannenberg, Zur Reform der Gewerbeordnung 29.
**) Karl Hirsch, der Normalarbeitstag.
***) v. Nathusius-Ludom, Conservative Position 37. Das Schriftchen enthält jene Leitartikel der „Kreuzzeitung."

ist zwar auch nicht richtig, denn das Beispiel mehr als eines modernen Staates zeigt, daß der Normalarbeitstag auch auf dem Boden der heutigen Ordnung durchzuführen ist, aber wenn die conservative Partei einmal eine so strenge Ansicht über die Frage hat, wie kommt Herr Stöcker dazu, nicht etwa eine mildere Ansicht zu hegen, nicht etwa so weit davon abzuweichen, wie innerhalb der einzelnen Parteien selbst weitgehende Meinungsverschiedenheiten der einzelnen Mitglieder über einzelne Fragen zu bestehen pflegen, nein, vielmehr das gerade Gegentheil der conservativen Parteianschauung in einem von ihr als grundlegend anerkannten Punkt als so selbstverständlich hinzustellen, daß er sich jedes Wort sachlicher Begründung ersparen zu können glaubt? Ja, wie kommt er dazu? Nun einfach weil er die Arbeiter gegen die liberalen Parteien aufhetzen will und ihm dazu jedes, aber auch jedes Mittel recht ist, selbst die Besudelung seiner eigenen Partei, wenn er nur sich einbilden kann, daß ein Tropfen des Schmutzes in das liberale Lager hinüberspritzt.

Im dritten Abschnitt der „Forderungen an die Staatshilfe" kommt der „Staatsbetrieb" an die Reihe. Es heißt da: „Arbeiterfreundlicher Betrieb des vorhandenen Staats= und Communaleigenthums und Aus= dehnung desselben, soweit es ökonomisch rathsam und technisch zulässig ist." Die erste Hälfte dieses Satzes ist selbstverständlich, wobei wiederum nur zu bemerken ist, daß wenn einmal Fälle eines nicht arbeiterfreundlichen Staatsbetriebs in die Oeffentlichkeit gelangen, nicht Herr Stöcker, sondern die „Nergeler" der liberalen Presse auf Abhilfe zu bringen pflegen. Die zweite Hälfte des Satzes ist entweder auch selbstverständlich, denn wenn die Ausdehnung des Staatseigenthums zweifellos „ökonomisch rathsam" und „technisch zulässig" ist, wird sich ihr kein verständiger Mann widersetzen, oder sie ist ein leeres Geschwätz, denn sie giebt nicht den Schatten einer Andeutung, nach welchen Grundsätzen über die „ökonomische Rathsamkeit" und „technische Zulässigkeit" entschieden werden soll, falls darüber, wie es leider wohl meistentheils in dieser unvoll= kommenen Welt der Fall zu sein pflegt, einige Zweifel herrschen sollten. Doch es lohnt sich nicht, weiter davon zu reden, denn Herr Stöcker beabsichtigt auch diesen Theil des christlich=socialen Programms keines= wegs auszuführen. So weit die Frage des Staatsbetriebs augenblicklich brennend ist, handelt es sich um das Tabaksmonopol. Hierfür sind bekanntlich der Reichskanzler, welcher nach Herrn Stöcker das christlich= sociale Programm „wesentlich" ausführen will, und auch Professor

Wagner, in welchem Herr Stöcker seinen „Lehrer" in ökonomischen Dingen verehrt. Darnach müßte auch er selbst für das Tabaksmonopol eintreten und in der That hat er es gethan, als er mit seinen Steifleinenen, die „Deutsche Volkswacht" voran, in die Wahlschlacht von 1878 marschirte. In dem letzten Wahlkampfe hat sich Herr Stöcker aber vorläufig gegen das Tabaksmonopol erklärt.*) „Ei", denkt der geneigte Leser, „das ist doch hübsch von dem Manne, daß er nicht auf Autoritäten schwört, und wenn er zu besserer Einsicht kommt, auch gegen den Reichskanzler und Professor Wagner auftritt." Ach, lieber Leser, da kennst du, wenn du mir einen Berlinism gestatten willst, Buchholzen schlecht. Nämlich der Herr Hofprediger beliebten diesmal in einem westfälischen Wahlkreise zu candidiren, in welchem das Tabaksgeschäft hoch entwickelt ist und das Tabaksmonopol auch den reactionären Wählern nicht gefällt. „Ach so", sagst du? Ich auch.**)

In dem vierten Abschnitte der „Forderungen an die Staatshilfe" geht endlich das christlich=sociale Programm zur „Besteuerung" über. Es fordert progressive Einkommen= und Erbschafts=, sowie hohe Luxussteuern. Das wäre nun wieder an sich recht schön; hohe Luxussteuern bringen zwar nicht viel ein, aber sittlich und auch volkswirthschaftlich sind sie durchaus zu rechtfertigen; auch die progressiv höhere Besteuerung der Vermögen und Erbschaften ist ja grundsätzlich schon geltendes Recht und sie verträgt sehr wohl eine ungleich höhere Anspannung, als sie gegenwärtig findet. Es ist nur wieder das alte Leiden: Herr Stöcker denkt nicht daran, sich an dies Programm zu halten. Mit der ganzen Feuerglut seiner Beredsamkeit ist er für das gerade Gegentheil eingetreten, für die Ueberwälzung der Staatslasten auf die Genuß= und Lebensmittel der arbeitenden Klassen. Ja, wendet man vielleicht ein, das hat der große Mann aus Sorge für die Finanznoth der deutschen Staaten gethan. Aber doch nicht; er selbst sagt, daß „der socialpolitische Gesichtspunkt seine Anschauungen stärker beherrsche, wie der finanzpolitische."***) Und vom socialpolitischen Standpunkte aus läßt sich Stöckers „Lehrer", Herr Wagner, folgendermaßen über indirecte Steuern aus: „Die Verurtheilung aller indirecten Steuern geht viel zu weit. Aber die Polemik ist berechtigt, in Betreff des zu starken Vorwaltens

---

*) Stöcker, Wahlflugblatt vom 25. Oct. 1881.
**) Die westfälischen Wähler haben es freilich nicht gesagt, sondern sind glücklich auf die Leimruthe gegangen.
***) Stöcker, Wahlflugblatt vom 25. Oct. 1871.

dieser Abgaben in unserem Steuersysteme, in Betreff der Wahl der Steuerobjecte und namentlich der Höhe der Steuersätze auf wichtige Consumtibilien der niederen Klassen: auf Salz, Brot, Fleisch, Bier, Zucker, Caffee, Wohnung 2c. In der That, wenn der Arbeiter, dessen Einkommen bei uns durch die Salzsteuer allein leicht mit ca. 1 % besteuert wird (oft 1³/₄ Thaler auf die Familie), über ungerechte Steuervertheilung klagt, so muß ich wenigstens ehrlicher Weise verstummen."*) Herr Stöcker aber verstummt nicht nur nicht, sondern wälzt einen neuen Berg indirecter Steuern auf die arbeitenden Klassen, denn wohlgemerkt, jene Klagen Wagners sind schon zehn Jahre alt, und nicht erst nach 1879 erhoben. Ueberhaupt folgt Herr Stöcker seinem „Lehrer" nur dann, wenn Wagner etwas an dem beweglichen Besitze auszusetzen hat; dann beutet der „Schüler" diese Ausstellungen aus, um in donnernde Schimpfreden gegen das „herzlose, vaterlandslose" Capital auszubrechen. Wenn aber Wagner, wie gerade er es unter unsern wissenschaftlichen Oekonomen am ernstesten gethan hat, dem Großgrundbesitze auch den Spiegel vorhält, wenn er nachdrücklich auf die sittlichen und socialen Schäden des Grundeigenthümerstandes hinweist, wenn er sagt: „Die Grundaristokratie, welche heute so gerne der Geldaristokratie und Bourgeoisie am Zeuge flickt, liebt es gar zu wenig, vor ihrer eigenen Thür zu kehren und eingedenk des schönen Worts: noblesse oblige, mit gutem Beispiel voranzugehen," dann hat Herr Stöcker immer taube Ohren. Deshalb stimmte er auch für das Feld- und Forstpolizeigesetz, er, der große Arbeiterfreund, welcher „die Kluft zwischen Reich und Arm verringern" will und sie in diesem Gesetze schroffer gestaltete, wie es je die einseitigsten Manchestermänner auch nur zu träumen gewagt haben, obgleich Wagner ausführlich die Gefahren dargelegt hat, welche eine zu schroffe Zuspitzung des Sondereigenthums am Waldboden nach sich ziehen muß.**) Der Unterschied zwischen „Lehrer" und „Schüler" ist freilich nicht unerklärlich. Herr Wagner ist ein sehr conservativer und ein sehr streitbarer Mann, aber er ist auch ein wahrhaftiger und wissenschaftlicher Forscher und wenn er glaubt, sittliche und sociale Schäden in den heutigen Besitzverhältnissen zu entdecken, so deckt er sie rückhaltlos auf, mögen sie sich nun hier oder dort finden. Herr Stöcker aber ist der gehorsame Knecht des Junkerthums und würde er es wagen, von dem Elend der ländlichen Arbeiter auch nur in hundertfach abge-

---
*) Wagner, Rede über die sociale Frage 36.
**) Allgemeine Volkswirthschaftslehre 622 u. f.

schwächtem Tone so zu reden, wie er von der Noth der industriellen Arbeiter in oft verleumderischer Weise zu sprechen pflegt,*) so würde er Hals über Kopf nach Hause getrollt werden, er wüßte selbst nicht wie. Deshalb steht er auch, trotz seiner Begeisterung für indirecte Steuern, ein Cherub mit flammendem Schwerte, vor der Erhöhung der Branntweinsteuer. Wie traurig, ach wie traurig haben sich die Zeiten geändert, seitdem evangelische Geistliche, ein Böttcher, ein Liebetrut und andere, sich unverwelkliche Lorbeeren im Kampfe gegen die Branntweinpest erwarben!

Damit wären die vier im engeren Sinne socialpolitischen Forderungen des christlich-socialen Programms gemustert. Sie enthalten, wie gesagt, dem Sinne nach viel Berechtigtes, wenn auch mannigfach nur in schiefer und verrenkter Form, indessen in seiner praktisch-politischen Thätigkeit thut Herr Stöcker ungefähr das gerade Gegentheil von dem, was sie besagen. Nun fragt vielleicht noch ein naiver Leser: „Ja, wie ist denn das aber möglich! Literae manent; der Mann kann sich, wenn er die berechtigten Forderungen seines Programms nicht auszuführen gedenkt, doch nicht ewig darauf berufen und noch obendrein sagen, der Reichskanzler wolle dies Programm ausführen!" So mag denn also noch gezeigt werden, wie Herr Stöcker das macht; es wird sich dabei ein Demagogenstücklein offenbaren, so niedlich, reinlich und zierlich, als hätte es ein Aristophanes oder ein Shakespeare in ihren glücklichsten Augenblicken erdichtet.

Herr Stöcker fordert also, um es nochmals zu wiederholen, Arbeiterversicherung auf dem Genossenschaftswege; Arbeiterschutzgesetze; Staatsbetrieb nach Möglichkeit; vorwiegende Besteuerung der besitzenden Klassen, denn unter diesen Gesammtbegriff wird man hohe Luxussteuern, progressive Einkommen- und Erbschaftssteuern zusammenfassen dürfen. Die Sache kam nun etwas anders, als er sie sich 1878 dachte. Es kam das Innungsgesetz, das Unfallversicherungsgesetz, das Tabaksmonopol, der Schutzzolltarif, die überwiegend indirecte Besteuerung. Herr Stöcker, der große Arbeiterfreund, bereit immer den Mantel zu werfen, wie der

---

*) Ich sage mit vollem Bedacht: „in verleumderischer Weise", denn es sind conservative Männer, wie Prof. v. d. Goltz und Karl Roscher, welche schon vor drei Jahren darauf hingewiesen haben, daß Stöcker und Todt in übertriebener Weise die Leiden der arbeitenden Klassen schildern, ohne jemals auf die unbestreitbaren Fortschritte hinzuweisen, welche die Arbeiter während der letzten Jahrzehnte immerhin in ihrer Klassenlage gemacht haben.

Wind von oben weht, faßte nunmehr den gedanklichen Inhalt der vier socialpolitischen Abschnitte des christlich=socialen Programms in der Sitzung des Preußischen Abgeordnetenhauses vom 22. November 1880 nach dem stenographischen Bericht zusammen, wie folgt:
1) Obligatorische Innungen.
2) Obligatorische Versicherung.
3) Schutzzoll, indirecte Steuern und als Ausgleich eine mäßige Progressivsteuer.
4) Der Staatsbetrieb.

Die vierte Nummer deckt sich etwa mit dem dritten Abschnitte des Programms; die zarte Frage des Tabaksmonopols wird nicht weiter berührt. Der erste Abschnitt des Programms, (die genossenschaftliche Regelung der Arbeiterversicherung, an welchem Gedanken der Reichs= kanzler so geringen Gefallen findet, wird durch einen kühnen Scheeren= schnitt in zwei Hälften getheilt; so fallen links „obligatorische Innungen" (Innungsgesetz), rechts „obligatorische Versicherung" (Unfallversicherungs= gesetz), herab. Um der Symmetrie willen — vier und vier — müssen dann der zweite und vierte Abschnitt des Programms in eine einzige Nummer der Rede verpackt werden, in die dritte, wo geschrieben steht: „Schutzzoll, indirecte Steuern und als Ausgleich eine mäßige Progressiv= steuer". Die beiden entsprechenden Abschnitte des Programms aber lauten wörtlich:

B. Arbeiterschutz.
1) Verbot der Sonntagsarbeit. Abschaffung der Arbeit von Kindern und ver= heiratheten Frauen in den Fabriken.
2) Normalarbeitstag, modificirt nach Fachgenossenschaften.
3) Energische Anstrebung der Internationalität dieser Arbeiterschutzgesetze; bis zur Erreichung dieses Zieles ausreichender Schutz der nationalen Arbeit.
4) Schutz der Arbeiterbevölkerung gegen gesundheitswidrige Zustände in den Arbeitslocalen und Wohnungen.

D. Besteuerung.
1) Progressive Einkommensteuer als ausgleichendes Gegengewicht gegen bestehende oder zu schaffende indirecte Besteuerung.
2) Hohe Luxussteuern.
3) Progressive Erbschaftssteuer bei größerem Vermögen und entfernteren Ver= wandtschaftsgraden.

Um zunächst den letzten Punkt zu erledigen, so stellt Herr Stöcker die Sache durch einen allerliebsten Taschenspielerstreich auf den Kopf. Im Programm stehen in erster Reihe dreifache Steuern auf die besitzenden Klassen und in zweiter Reihe sozusagen nur als nothwendiges Uebel Steuern, welche vorwiegend die arbeitenden Klassen treffen; in der

Abgeordnetenhausrede umgekehrt grundsätzlich indirecte Steuern und in zweiter Reihe eine obendrein nur „mäßige" Progressivsteuer. Der zweite Abschnitt des Programms aber, die Arbeiterschutzgesetze, Verbot der Sonntagsarbeit, Abschaffung der Frauen- und Kinderarbeit, Normalarbeitstag, für welche nach allgemeiner Annahme in gewissen Kreisen geringe Neigung herrschen soll, tauchen im Abgeordnetenhause nur noch auf als — — — Schutzzoll. Nun da kann man denn freilich nur noch mit Lassalle ausrufen: Donner-Bomben-Wachsstock-Sapperment!

Eben wollte ich schon die Feder absetzen, als mir einfiel, daß man diesem Manne auch das letzte Lügenpförtchen verrammeln muß. Am Ende sagt er wirklich gar, in seinem Abschnitte über „Arbeiterschutz" verlange er ja auch „ausreichenden Schutz der nationalen Arbeit", und das heiße nach ihm „Schutzzoll". Gemach, ehrwürdiger Mann; nur keinen Staub in die Augen! Sie fordern von unserer nationalen Gesetzgebung in dem betreffenden Abschnitte Verbot der Sonntagsarbeit, Abschaffung der Frauen- und Kinderarbeit, Einführung des Normalarbeitstags; Sie fordern dann die Internationalität dieser Reformen, und so lange dieselbe nicht zu erreichen ist, ihren Schutz gegen die ausländische Concurrenz. Sie fordern also im äußersten Nothfalle und nur ganz in zweiter Reihe sogenannte „sociale" Schutzzölle. Aber von solchen Schutzzöllen ist in dem Zolltarif von 1879 nicht der Schatten einer Spur vorhanden und zwar einfach deshalb nicht, weil sie erstens kein Mensch verlangte und zweitens auch kein Mensch verlangen konnte, sintemalen wir ja Verbot der Sonntagsarbeit, Abschaffung der Frauen- und Kinderarbeit, sowie den Normalarbeitstag noch gar nicht eingeführt haben, überhaupt in unserer Fabrikgesetzgebung anderen Völker eher noch nachstehn als vorangehen.

Doch nunmehr genug und übergenug! Begrüßen wir aufathmend das rosige Licht und verlassen wir diesen Pfuhl der Schande, in welchem jedes Wort von einer Lüge und jeder Satz von einem Verrathe trieft! Sachlich und trocken ist nur festzustellen, daß Herr Stöcker, soweit er es mit den allgemeinen Grundsätzen des christlich-socialen Programms ehrlich meint, den Arbeiterstand zum dienenden Schemel der Junker- und Pfaffenherrschaft erniedrigen will und daß er es mit den besonderen Forderungen des Programms, welche wirklich arbeiterfreundlich sind, nicht ehrlich meint.

VII.
Die Judenfrage.

Ein so widersinniges Beginnen, wie der „christlich=sociale" Humbug Stöcker's, konnte natürlich in den Arbeiterkreisen keine irgend breiteren und tieferen Wurzeln schlagen; über ein gewisses Maß der Bauernfängerei hinaus sind unsere Arbeiter demagogischen Seelenfischern glücklicher Weise doch nicht mehr zugänglich. So gut sie „Arbeiterschutz" von „Schutzzoll" zu unterscheiden verstehen, so gut vermögen sie auch den Hofprediger Stöcker von einem Arbeiterfreunde zu unterscheiden. Er saß also, wie schon im dritten Abschnitte dieser Schrift hervorgehoben wurde, nach den Wahlen von 1878 mit seinen Steifleinenen auf dem Trocknen; wenn er in das Abgeordnetenhaus gewählt wurde, so schickten ihn natürlich nicht Arbeiter hinein, sondern eine orthodox=reactionäre Wählerschaft, die sehr wohl erkannte, wessen Sache dieser „Arbeiterführer" in Wahrheit versicht. Sein Eintritt in die conservative Landtagsfraction war selbstverständlich eine neue Zweideutigkeit, denn weder diese noch die gleichnamige Fraction des Reichstags denkt daran, dem christlich=socialen Programm zuzustimmen. Indessen alles das wäre verlorene Liebesmüh gewesen und Herr Stöcker würde unter der glorreichen Führung der Heydebrand und von der Lasa, der Minnigerode, der Strosser einfaches Futter für reactionäre Abstimmungen geblieben sein, wenn ihn die antisemitische Bewegung nicht zum drittenmale auf die hohe See der Tagespolitik geführt hätte.

Nicht zwar, als ob er diese Bewegung gemacht hätte. Ach, nichts weniger, als das. Wer ihm so etwas nachgesagt hat, der hat diesem armseligen Demagogen wahrlich eine zu hohe Ehre angethan. Vielmehr hat er nur auch diese Frage vergiftet und verhetzt, wie er nach seinen Kräften unser ganzes öffentliches Leben zu vergiften und zu verhetzen gesucht hat. Die Judenfrage an sich mußte namentlich in Berlin von selbst entstehen, die einzelnen Menschen mochten wollen oder nicht. In dieser Stadt ist von 1780 bis 1880 das jüdische Element ein maßgebender und unlösbarer Bestandtheil des Volkscharakters geworden, wie es etwa von 1680 bis 1780 die französische Colonie war: schon vor hundert Jahren standen sich in Lessings Freunden Herz und Mendelssohn einer=, den Münzjuden Ephraim und Itzig andererseits die guten und die schlechten Elemente des Judenthums ebenso bezeichnend gegenüber, wie heute etwa in den jüdischen Gelehrten unserer Hoch= schule und den jüdischen Jobbern unserer Börse. Die berliner Geschichte des letzten Jahrhunderts ist in Glimpf und Schimpf gar nicht denkbar ohne die Spuren des Judenthums auf jeder ihrer Seiten; während dieses ganzen langen Zeitraums haben sich aber die fremdartigen, unliebens= würdigen oder mindestens ungewohnten Seiten des jüdischen Wesens der großen Mehrheit der berliner Bevölkerung niemals so peinlich fühlbar gemacht, wie im letzten Jahrzehnt. Damit soll weder eine Anklage noch auch nur eine Klage ausgesprochen werden: die Erscheinung ist so vollkommen selbstverständlich, daß man verwundert sein müßte, falls sie nicht eingetreten wäre. Wenn die Dämme durchstochen werden, die undenkbare Zeit hindurch einen starken und tiefen Strom in ein unnatürlich enges Bett gezwängt haben, so entsteht unfehlbar eine Ueber= schwemmung und wenn eine begabte, schlaue, zähe Rasse jahrhunderte und selbst jahrtausende lang unter einem despotischen Drucke geseufzt hat, so wird sie im Augenblicke der Befreiung eine Expansiv= und Explosiv= kraft entfalten, von welcher man sich nur schwer einen Begriff macht, ehe man sie mit eigenen Augen gesehen hat. Um so mehr wird sie diese Kraft entfalten, je schärfer sie trotz ihrer Unterdrückung sich die mächtigste Waffe unserer Zeit hat schmieden können und je reichere Gelegenheit sich ihr bietet, mit diesem Schwerte erobernd vorzudringen. So aber war die Lage namentlich im Anfange der siebenziger Jahre. Der lang ersehnte und endlich erfochtene Sieg berauschte die Juden, und im Rausche ist man alles andere, nur nicht bescheiden und besonnen, überlegt und vorsichtig. Damals, als die schlechteren Elemente der berliner Juden sich in unnatürlich hohen Procentsätzen an dem Börsen= und Gründungsschwindel betheiligten; als gerade jüdische Federn und Stimmen mit besonderer Vorliebe über die inneren Zustände unserer christlichen Kirchen herzogen und zwar häufig mit einer Dreistigkeit, die sich in ungekehrtem Verhältnisse zu dem in der Kritik bekundeten Verständnisse befand; als jeder Tag neue Proben von jenem eigen= thümlichen Mangel an verecundia brachte, den Schopenhauer, sei es nun mit Recht oder mit Unrecht, dem jüdischen Stamme nachsagen zu müssen glaubt — damals entstand und wuchs in den gebildeten Kreisen der berliner Gesellschaft eine tiefe Mißstimmung gegen das jüdische Wesen. Und zwar ohne allen Unterschied der politischen, religiösen, socialen Anschauungen. Wer das bestreitet, hat das letzte Jahrzehnt entweder nicht in Berlin verlebt oder aber er redet wider die Wahrheit.

Es war eine ernste, politische Nothwendigkeit, den unter der Asche glimmenden Haß öffentlich aufzudecken, ehe er in heimlichem Umsichfressen die edelsten Theile unseres nationalen Organismus zerstörte. Dies gethan zu haben und zwar in der einzig würdigen Weise, mit männlichem Freimuthe und wissenschaftlichem Ernste gethan zu haben, ist das große und unvergeßliche Verdienst Treitschkes. Wenn er um dieser seiner vaterländischen That willen nicht nur sachlich bekämpft worden ist, was natürlich aus gleich achtungswerthen Beweggründen geschehen konnte, — ich erinnere nur an die edle, ernste Gegenschrift von Cohen, — sondern auch die widerlichsten Schmähungen erfahren hat, so konnten die letzteren einzig einem jammervollen Gesinnungsterrorismus entspringen, der um so verächtlicher war, als er unter „liberaler" Flagge einherzusegeln versuchte und gemeiniglich von Leuten ausging, die ihrerseits von dem Rechte der öffentlichen Kritik den ausgedehntesten und nur zu oft selbst maßlosesten Gebrauch zu machen pflegen. Es ist doch zu lächerlich, wenn über Gott und die Welt, über Staat und Kirche, über alles, was sich zwischen Himmel und Erde bewegt, öffentlich geredet und geschrieben werden soll, nur nicht über die zeitgeschichtlichen Wirkungen der Judenemancipation oder vielmehr nicht über ihre schlechten Wirkungen, denn ihre guten Wirkungen überschwänglich zu preisen, gilt ja in den gedachten Kreisen als die höchste Blüthe des „Liberalismus." Manche dieser Leute bilden sich nun in der That vielleicht in gutem Glauben ein, nachdem in unsere Gesetzsammlung die staatsbürgerliche Emancipation der Juden hineingeschrieben sei, habe auch der geschichtliche Begriff und die geschichtliche Thatsache des Judenthums zu bestehen aufgehört, und es sei ein schwerer Fehler, sie wieder zu erwecken, indessen diese sonst gewiß sehr braven Menschen bekunden einen so gänzlichen Mangel an geschichtlichem und politischem Sinn, daß sie öffentlich mitzureden nicht das allermindeste Recht beanspruchen können. Schließlich ist der Erfolg, den Treitschkes ehrenhafter Muth gehabt hat, die durchschlagendste Rechtfertigung seines Vorgehens. Denn wer will es leugnen, daß eine lange Reihe jüdischer Unarten und Unsitten heute in unserm nationalen Leben nicht mehr entfernt so stark um sich wuchert, wie noch vor zwei Jahren? Indem ich diese Zeilen schreibe, erhalte ich eine eben erschienene Schrift, die einen heftig philosemitischen, aber übrigens geistreichen und unterrichteten Juden zum Verfasser hat. Und darin heißt es: „Das ist das Unrecht auf jüdischer Seite, daß man jede Möglichkeit eigenen Fehls rundweg abweist, statt doch mal in den eigenen

Busen zu greifen, zu fragen, ob man wirklich so ganz die verfolgte Unschuld sei, zu dem weltverbreiteten Haß gar nichts beitrug, wenigstens seit der Emancipation sein Bestes that, sich Achtung, Anerkennung derer zu erwerben, unter denen man doch einmal lebt." Und weiter: „Als es gegen die jüdischen Gründer losging, wiesen sie empört auf die christlichen hin. Aber all' das schaffte folgende Zahlen nicht weg: bei gleicher Betheiligung hätte erst auf 83 christliche 1 jüdischer Gründer kommen dürfen. Statt dessen kam auf 9 Juden 1 Christ. Die Juden haben also $(83 \times 9) = 747$ mal stärker gegründet." Und endlich: „Offene Discussion bleibt das beste Heilmittel des aufgetretenen Uebels."*) Daß heute ernste und patriotische Juden so sprechen, daß damit ein breiter Boden der Verständigung gewonnen wird, auf welchem hoffentlich die peinliche Frage einer allmähligen Ausgleichung entgegen geführt werden kann, darin liegt eben das nicht hoch genug zu schätzende Verdienst von Treitschke. Eine wie erfreuliche Klärung der Sachlage dadurch gewonnen ist, erkennt man erst recht deutlich, wenn man an gewisse Vorgänge der letzten Jahre denkt; einerseits an die Antisemitenliga, die Antisemitenpetition und ähnlichen Bierulk; andererseits an diese Sucht zu denunciren und zu discipliniren, dieses ewige Schreien nach der Polizei, wenn einmal ein derbes Wort gegen die Juden laut wurde; dieses Aufbauschen jedes geringfügigen Straßenscandals zu einer revolutionären Haupt= und Staatsaction; diese unverhohlene Schadenfreude, wenn durch förmliche Verschwörungen Leuten, die nur des Verdachtes der Judenfeindschaft verdächtig waren, der bürgerliche Erwerb zu vernichten gesucht wurde; dies ewige Hineinzerren von Persönlichkeiten in den Tagesstreit, die nach den einfachsten Grundsätzen der constitutionellen Staatslehre über den politischen Kämpfen stehen; diese gewissenlose Ausbeutung der pommerschen Crawalle, genug an alle die häßlichen Vorgänge, welche die liberalen Parteien leider niemals ganz werden von ihren Rockschößen abschütteln können.**)

Wenn somit heute unter den verständigen Politikern aller Parteien die Ueberzeugung vorherrscht, daß die ernste, ruhige, sachlich=wissen-

---

*) Judaeus, Was müssen wir Juden thun? 17, 18, 53.

**) Was die Judencrawalle angeht, so hielt ich mich gerade in meiner hinterpommerschen Heimath auf, als dieselben vorfielen. Ich habe mich einigermaßen um diese Vorgänge gekümmert und kann nur sagen, daß die Nachrichten darüber theils unglaublich übertrieben, theils völlig erlogen waren und daß in mehr als einem Städtchen der Unfug erst dadurch entstand, daß soviel Lärm von der Sache gemacht wurde.

schaftliche Erörterung und die durch solche Erörterung bewirkte, sittlich=sociale Luftreinigung der einzige Weg ist, das häßliche Problem wieder aus der Welt zu schaffen, so läßt sich allerdings nicht verkennen, daß es sehr schwer, bis zu einem gewissen Grade selbst unmöglich ist, dabei die richtigen Grenzen einzuhalten. Treitschke traf auch darin das Richtige, daß er seine Aufsätze über die Judenfrage in einer wissenschaftlichen Zeitschrift veröffentlichte, deren Leserkreis ihre Tragweite vollkommen zu ermessen wußte, indessen wenn eine solche, alle Gemüther stark ergreifende Frage einmal aufgeworfen ist, so läßt es sich auf keine Weise hindern, daß sie in die Tageszeitungen und die Tagesversammlungen überschlägt, welche schon aus Mangel an Raum oder Zeit nicht die nothwendigen Bürgschaften einer unbefangen abwägenden Auffassung bieten. Immerhin darf man sagen, daß die großen liberalen Zeitungen, namentlich in der Provinz, und auch die führenden Organe der conservativen und ultramontanen Partei, wie die „Kreuzzeitung" und die „Germania", jene mehr in philo=, diese mehr in antisemitischem Sinn, die Judenfrage im Großen und Ganzen in gesitteter und würdiger Weise behandelt haben. Von einer großen Zahl von Blättern gilt das aber keineswegs, selbst wenn man von den specifisch anti= oder philosemitischen Schandblättern absieht, welche nur die entgegengesetzten Pole desselben Mangels an geistigen und sittlichen Eigenschaften darstellen. Ebenso wenig haben die donnernden Reden und Resolutionen, in welchen Vereine und Versammlungen für oder wider schwelgten, irgend etwas zur Lösung der Frage beigetragen, sondern sie höchstens nur noch mehr verwirrt. Indessen, wie gesagt, das ließ sich schwer verhindern und wenn Herr Stöcker mit seinen Steifleinenen sich begnügt hätte, beiläufig und gelegentlich einmal sein Müthchen an den Juden zu kühlen, so könnte das gut und gern in der großen Rechnung mit draufgehen und es würde sich nicht verlohnen, darüber auch nur einen Tropfen Dinte zu vergießen.

Indessen so einfach liegt die Sache leider nicht. Als Herr Stöcker in diese Harfe griff, entdeckte er zu seiner freudigen Ueberraschung, daß er endlich volle Häuser bekam und ein solcher Erfolg wirkt bekanntlich auf Demagogen und Komödianten so sinnberauschend, wie Menschenblut auf den Tiger. Im Laufe von zwei Jahren und mehr wurde die Judenfrage ganz und gar zum Schwerpunkt der „christlich=socialen" Agitation und Herr Stöcker gewann auf diesem Wege endlich, was er weder durch den wirklichen noch durch den scheinbaren Inhalt des christlich-socialen Programms hatte gewinnen können: eine gewisse Herrschaft über die hauptstäbtischen Massen. Nunmehr bekam aber auch die Judenfrage, wie er sie betrieb, ein ganz anderes Gesicht, denn es sind offenbar zwei gänzlich verschiedene Dinge, die Judenfrage als eine zeitgeschichtliche Erscheinung nach ihren historischen, psychologischen, socialen Momenten wissenschaftlich zu erörtern oder aber sie zu einem Elemente politischer Parteibildung, socialpolitischer Massenagitation zu machen, sie als tagespolitische Frage in Kreise zu tragen, welche sie nur mit der Leidenschaft, aber nicht mit dem Verstande zu ergreifen vermögen. Dazu wird sich jeder auch nur halbwegs noch besonnene Agitator nicht anders als unter dem Drucke der äußersten Nothwendigkeit entschließen. Denn die „Entfesselung der Bestie" ist nirgends drohender als hier. In die Judenfrage spielen die drei mächtigsten Triebfedern des Hasses hinein, welche die gesammte Weltgeschichte kennt: ein Religions-, ein Rassen- und ein Klassengegensatz. Diese Gefahren werden aber noch unendlich dadurch gesteigert, daß die deutsche Judenfrage eine Lösung im engeren, politischen Sinne, das heißt eine Lösung auf gesetzgeberischem Wege, welche doch allein der Gegenstand einer antisemitischen Parteiagitation sein kann, eigentlich gar nicht mehr zuläßt. Denn die eigenthümliche Schwierigkeit des Problems besteht ja gerade darin, daß die Verschmelzung des germanischen und semitischen Elements noch nicht weit genug und schon zu weit vorgeschritten ist; noch nicht weit genug, um heftige Reibungen auszuschließen und schon zu weit, um noch eine politisch erkennbare und gesetzgeberisch faßbare Grenzlinie ziehen zu können; es sind eben die Unbequemlichkeiten eines Uebergangszustandes, unter denen wir leiden. Diese Gesichtspunkte werden jeden Agitator, der sich noch irgend ein schwaches Gefühl seiner politischen Verantwortlichkeit gewahrt hat, doch einigermaßen stutzig machen müssen, ehe er die Judenfrage zum parteibildenden Elemente einer Massenbewegung macht, indessen sieht man auch noch davon ab, nimmt man an, daß ein solcher Agitator sich zu einer entsprechenden Behandlung der Judenfrage in seinem „Gewissen gedrungen" fühlt — es giebt ja verschiedene Sorten von „Gewissen"; noch hat jeder Demagoge die Einflüsterungen seines Größenwahns für die Stimme seines Gewissens erklärt —, so wird jeder Vaterlandsfreund doch mindestens auf einem Punkte bestehen müssen: nämlich darauf, daß der Mann mit äußerster, schärfster, jede Zweideutigkeit ausschließender Bestimmtheit sagt, was er an dem Judenthum bekämpft und wie er dieses Uebel heilen will.

Legt man diesen hoffentlich nicht zu unbilligen Maßstab an die Art an, wie Herr Stöcker die Judenfrage behandelt, so stößt man wieder auf nichts anderes, als einen wirren Haufen von Zweideutigkeiten und Zweizüngigkeiten. Er lehnt es ja ab, für die Zeitungsberichte über seine Hetzreden die Verantwortung zu übernehmen; selbst die ihn unterstützenden „conservativen" Blätter wirft er kurzweg unter die „verlogene Judenpresse", sobald sie aus seinen Versammlungen Dinge berichten, die selbst dieser Mann mit der eisernen Stirn im Lichte der Oeffentlichkeit nicht zu vertreten wagt. Deßhalb soll hier nur auf die drei Reden über die Judenfrage zurückgegangen werden, welche von ihm selbst durchgesehen sind, ehe sie veröffentlicht wurden. Zwei derselben liegen in einer besonderen Flugschrift vor; die dritte findet sich in den stenographischen Berichten des Abgeordnetenhauses.*) Dies quellenmäßige Material, das selbst Herr Stöcker nicht ableugnen kann, wird ja hinlänglichen Aufschluß darüber geben, wie er die Judenfrage auffaßt. Gehen wir systematisch an das peinliche Werk und prüfen wir zunächst, ob er unter der Judenfrage eine Religions- oder Rassen- oder Klassenfrage oder alles dreies zusammen versteht.

Als eine Religionsfrage betrachtet er sie anscheinend nicht. Denn er sagt: „Die Judenfrage zehrt nicht von religiösem Fanatismus"; „wir lieben die Juden als das Volk der Apostel und Propheten, aus welchem unser Erlöser hervorgegangen ist"; „in der That erscheint mir das moderne Judenthum als eine große Gefahr für das deutsche Volksleben, damit meine ich weder die Religion der Altgläubigen, noch die Aufklärung der Reformer." Haben diese Worte einen Sinn, so ist es doch nur der, daß die Judenfrage keine religiöse Frage ist. Nun aber die Kehrseite der Medaille: „Eine irreligiöse Macht ist das Judenthum allerdings, eine Macht, welche überall das Christenthum bitter bekämpft, in den Völkern den christlichen Glauben ebenso wie das nationale Gefühl entwurzelt"; „in der Judenpresse athmet ein Haß gegen alles Christliche, der den tiefsten Abscheu verdient"; „dem Christenthum setzen die Juden ihren starren Gesetzescultus oder ihre Christusfeindschaft entgegen"; „Israel entsage der Anmaßung, daß das Judenthum die Religion der Zukunft werde." Ein reizender Contretanz von Widersprüchen in der That!

---

*) Stöcker, das moderne Judenthum in Deutschland, besonders in Berlin. — Die Judenfrage. Separatabdruck des amtlichen, stenographischen Berichts über die Sitzungen des Abgeordnetenhauses vom 20. und 22. Nov. 1880. 114—138.

Oder aber betrachtet Herr Stöcker die Judenfrage als eine Rassenfrage? Er sagt darüber: „Die Juden sind und bleiben ein Volk im Volke, ein Staat im Staate, ein Stamm für sich unter einer fremden Rasse. Alle Einwanderer gehen zuletzt in dem Volke auf, unter welchem sie wohnen; die Juden nicht. Dem germanischen Wesen setzen sie ihr ungebrochenes Semitenthum entgegen." Und weiter: „Das Judenthum will als völlig deutsch gelten und weist von allen Gedanken meiner ersten Rede am meisten den zurück, daß es ein Volk im Volke, ein Staat im Staate, ein Stamm in einer fremden Rasse sei. Dennoch ist dies der Ausdruck thatsächlicher Verhältnisse". Dies beliebte Herr Stöcker unter frenetischem Beifall in seinen Volksversammlungen zu verkünden; als ihm nun aber im Abgeordnetenhause eine früher von ihm in einer Pastoralconferenz gethane Aeußerung vorgehalten wurde, wonach die Judenfrage als Rassenfrage nur mit Mord und Todtschlag enden könne, leugnete Herr Stöcker Stein und Bein, jemals die Juden als Rasse angegriffen zu haben. Ein wahrheitsliebender Mann wahrhaftig!

Endlich wie steht Herr Stöcker zu der Judenfrage als Klassenfrage, d. h. als socialpolitisch-staatsrechtlicher Frage? Er scheint diese Frage abzulehnen, wenn er sagt: „Nie würde ich daran gedacht haben, gegen blos volkswirthschaftliche Irrthümer aufzutreten, wenn nicht mit denselben die frivole Hetzjagd gegen alle christlichen Elemente unseres Volkslebens verbunden wäre." Und er sagt ferner: „Es giebt viele Juden, die Respect vor unserm Glauben, Achtung vor dem germanischen Charakter, Theilnahme an unserem Volkswohl haben; es giebt viele Juden, die wahr im Wort, treu im Versprechen, redlich im Geschäft, gar keinen Anlaß zur Klage bieten — ich selbst kenne solche, achte und liebe sie.... Auch betriebsam, nüchtern, intelligent, bildungsdurstig ist das moderne Judenthum, durch das Festhalten an der Familienpietät und der alten religiösen Tradition eng verbunden. Gerne will ich diese Tugenden hervorheben, aber ich kann es nicht leugnen, daß bei der Verehrung der eigenen Religion diese Zerstörung der fremden einen doppelt schauerlichen Eindruck macht." Also zur Abwechselung wieder einmal religiöse Frage! Aber trotzdem: „Für mich gipfelt die Judenfrage in der Frage, ob die Juden, welche unter uns leben, lernen werden, sich an der gesammten deutschen Arbeit, auch an der harten, sauren Arbeit des Handwerks, der Fabrik, des Landbaus zu betheiligen"; „fährt das moderne Judenthum wie bisher fort, die Capitalkraft wie die Macht der Presse zum Ruin der Nation auszubeuten, so ist eine Katastrophe unausbleiblich." Auch hier nur ein reizender Pas de deux von Widersprüchen!

Versucht man aus diesem Höllengebräu wie betrunken durcheinander taumelnder Worte irgend einen menschlichen Sinn herauszufischen, so wird man dieser Mühe durch Herrn Stöcker selbst überhoben, welcher im Abgeordnetenhause, wo er nun endlich einmal Farbe bekennen sollte, was er an dem Judenthum bekämpfe, kurzweg erklärte: „Die Judenfrage ist für mich keine religiöse Frage, keine Rassenfrage; seitdem die völlige Emancipation eingetreten ist, auch keine staatsrechtliche Frage mehr." Also was denn! „Sie ist eine socialethische Frage." Dies hatte nämlich der Abgeordnete Bachem gesagt, welcher in derselben Sitzung gesprochen hatte und Herr Stöcker, der große Reformator, ergriff freudig das ultramontane Seil, um sich aus dem Moraste seiner Zweideutigkeiten herauszuhaspeln. „Ja wohl", sagte er glückselig, „ich stehe in dieser Beziehung ganz auf dem Standpunkt des Abgeordneten Bachem." Und wirklich — welches Wunder begiebt sich! — der große Mann blieb genau zehn Minuten derselben Ansicht über dieselbe Sache. Dann aber mußte er seine Judenversammlungen vertheidigen und da die Unterstellung, daß in diesen Spectakelstücken „socialethische" Fragen gelöst werden sollten, allgemeine Heiterkeit hervorrief, so erklärte er sofort wieder die Judenfrage für eine „Frage der praktischen Gesetzgebung." Gut also, marschiren wir auch diesen Weg! Herr Stöcker schlägt vor als gesetzgeberische Maßregeln gegen das Judenthum „Beseitigung des Hypothekenwesens im Grundbesitz; lebenskräftige Innungen; confessionelle Statistik; Einschränkung der jüdischen Lehrer und Richter rc." Schön, eben will man sich in diese tiefsinnigen Vorschläge vertiefen, als es schon wieder daherdröhnt: „Juden und Christen müssen daran arbeiten, daß sie in das rechte Verhältniß zu einander kommen. Einen andern Weg giebt es nicht." Also wieder „socialethisch?" Allmählige Verschmelzung beider Elemente? Nicht doch: „Israel wird nie eins mit uns werden, außer wenn es sich zum Christenthum bekehrt." Also da ist wieder die religiöse Frage und der wahnsinnige Hexentanz fängt von Neuem an, allein ohe jam satis! Der Leser wird es satt haben, den Partner zu spielen.

Die Judenrede, die Herr Stöcker im Abgeordnetenhause hielt, ist das vielleicht größte Meisterstück der Demagogie, welches das neunzehnte Jahrhundert gesehen hat. Sie ist nach dieser Richtung eine blinkende

Schnur von einzigen Perlen, deren eine immer die andere an unvergleichlichem Glanze überstrahlt. Die zauberhafte Umwandlung des „Arbeiterschutzes" in „Schutzzoll" ist bereits erwähnt worden. Die zahlreichen, thatsächlich falschen Angaben und Citate, von denen die Rede wimmelt, sollen hier nicht noch einmal aufgemutzt werden; es ist richtig, sie waren, jede für sich, nicht von großer Bedeutung, aber in ihrer Gesammtheit doch wieder so außerordentlich kennzeichnend für den Mann. Will er einmal als Reformator in dieser, wie er selbst sagt, „gewaltigen Frage" auftreten und will er seine Sache, wie er wiederum selbst sagt, „im großen Stile" vor dem Lande und der Landesvertretung führen, dann war es wirklich nur eine Frage des allerbilligsten Anstandes, daß er einmal sein öffentliches Schwatzen auf acht Tage einstellte und sich in seinem Kämmerlein mit derjenigen Sorgfalt auf seine Rechtfertigungsrede vorbereitete, die jeder Quartaner auf sein lateinisches Exercitium verwenden muß, will er es von seinem Lehrer nicht rechts und links um die Ohren geschlagen bekommen. Dagegen war die Gründerepisode der Rede wieder ein echtes und rechtes Demagogenstücklein, wie es im Buche steht: eine entzündliche Stelle mit roher Hand anfassen, einige Tropfen schleichenden Giftes hineinschütten und wenn nun der Kranke nach einem ehrlichen Secirmesser aufschreit, mit frommem Augenverdrehen sagen, so weh dürfe man aus „christlicher Schonung" dem armen Mann nicht thun: schöner kann sich der Tartüffe auf socialpolitischem Gebiete nicht darstellen. Und dann — jene andere Episode, welche sich um die Unterschrift Stöckers unter die Antisemitenpetition drehte. Herr Prof. Wagner hat neulich öffentlich verkündet, bei diesem Anlasse sei seinem Freunde Stöcker eine Falle gestellt worden; so habe ein — von Wagner nicht genannter — Landtagsabgeordneter beim Bechern gestanden. Nun, etwas Wahres ist daran allerdings, aber bei weitem nicht die ganze Wahrheit. Es ist wahr, unsere Parlamente haben selten eine albernere Scene gesehen, als da der Abgeordnete Langerhans mit erhobenem Zeigefinger wie ein petzender Sextaner aufstand und den Präsidenten ersuchte, dem p. Stöcker wegen versuchten Lügens nun ja auch einen Tadel im Klassenbuche anzukreiden und es ist auch wahr, daß Herr Stöcker mit vollem Willen und Wissen gewiß nicht seine Unterschrift abgeleugnet hat. Zwar moralische Momente sind es nicht, welche diese Annahme hindern, wohl aber intellectuelle; Herr Stöcker selbst hat sich in sehr bescheidener, aber durchaus richtiger Selbsterkenntniß nur gegen die „Thorheit" verwahrt, die Unterschrift unter eine Petition abzuleugnen, die in vielen Tausenden von Exemplaren verbreitet ist. Andererseits aber machen gerade die mildernden Umstände den Vorgang wieder so unbezahlbar kennzeichnend für Herrn Stöcker. Giebt es denn etwas Unzweideutigeres, als die Frage, ob ein bestimmtes Individuum unter ein bestimmtes Schriftstück, von dem seit Wochen das ganze Land spricht, seine Unterschrift gesetzt hat? Herr Stöcker aber hat auf diese durchaus einzüngige Frage weder ein ehrliches Ja, noch ein ehrliches Nein, sondern nur ein zweizüngiges Ja und Nein! Und zwar nicht etwa nur im ersten Augenblicke der Ueberraschung, sondern bis auf den heutigen Tag. Vor einem Jahre erklärte er feierlich, die ersten Exemplare der Petition, 20 oder 30,000, hätte er nicht unterschrieben, wohl aber auf „erneutes Bitten" die späteren; jetzt aber erklärt er gerade umgekehrt, erst habe er unterschrieben, dann aber seinen Namen zurückgezogen, weil ihn die Veranstalter der Petition darum „gebeten" hätten.*) Ist es denn so ganz unmöglich, daß aus diesen Lippen einmal ein wahres Wort entspringt?

Die drei Reden Stöckers über die Judenfrage, welche in actenmäßiger Form vorliegen, umfassen etwa vier breit gedruckte Bogen, wobei ein sehr großer Theil des Raumes noch durch lange Citate, Briefe von Elias Cohn zc. beansprucht wird. Es ist also verhältnißmäßig wenig gefordert, daß Herr Stöcker in einem so engen Rahmen mit klaren Strichen zeichnet, aber für ihn ist diese Anforderung noch viel zu hoch. Thut man diesem Wischi Waschi die unverdiente Ehre an, es zehnmal hinter einander mit concentrirtester Denkkraft durchzulesen, so hat man schließlich doch nur einige leere Maculatur in der Hand, die man unwillig in den Papierkorb wirft. Denn jedes Wort ißt sein Nachbarwort auf; jeder Satz vernichtet mit Schwert und Lanze seinen Nebensatz. Wenn das schon am grünen Holze geschieht, welche Früchte von Asche und Staub wird erst das dürre Holz tragen, was wird Herr Stöcker erst in den Reden reden, welche er in seinem Conventikel hält, ohne sie in actenmäßiger Form dem Drucke zu übergeben oder übergeben zu lassen! Die Ausrede mit der „verlogenen Judenpresse" ist ja sehr bequem; wenn nur nicht die Berichte des „Reichsboten" und ähnlicher Zeitungen wesentlich dasselbe brächten, wie die Berichte der „Judenblätter!" Die Methode ist immer dieselbe: alles, was nicht in den Kram des Herrn Stöcker paßt, ist nichtswürdig und

---

*) Stöcker, Wahlflugblatt vom 25. Oct. 1881.

alles, was nichtswürdig ist, ist jüdisch.*) Natürlich immer mit dem augenverdreherischen Vorbehalt: „daß auch viel treffliche Menschen unter den Juden gefunden werden, ist selbstverständlich!" Prasselt nun dieser Galimathias Woche für Woche und zeitweise selbst Tag für Tag auf die hohlen Schädel der Steifleinenen herunter, so ist es klar, was daraus werden muß. Nichts anderes nämlich, als die allergemeinste und allergewöhnlichste Judenhetze, die schließlich, wie Herr Stöcker selbst einmal in einem unbewachten Augenblicke gestanden hat, zu Mord und Todtschlag führen muß und ja auch schon nahe genug mit dem Aermel an das Zuchthaus gestreift hat.

Neben manchen Schwächen des modernen Judenthums ist es vielleicht sein schönster Ruhm, daß es heutzutage wohl keinen gebildeten Menschen in Deutschland giebt, der nicht in nahen Geistes- und Herzensbeziehungen zu einem oder mehreren Juden stände. Unter diesem Gesichtspunkte macht die Judenagitation Stöckers einen so namenlos niederziehenden Eindruck. Hört man den unseligen Fanatiker mit frömmelndem Augenaufschlage und salbungtriefendem Munde seine Brandreden gegen die Juden halten, bis der Janhagel, von den bemagogischen Griffen bis zum Wahnsinn gekitzelt, in den heulenden Wuthschrei ausbricht: „Auf den Scheiterhaufen mit den Juden!", dann kann kein fühlender Mensch ohne tiefsten Schmerz daran denken, wie viele unserer bravsten und edelsten Mitbürger dadurch in das innerste Herz getroffen

---

*) Um nur ein mir nächstliegendes Beispiel anzuführen: Als ich in die „Weserzeitung" Dinge schrieb, welche Herrn Stöcker und seinem Sancho Pansa, dem Herrn Prediger Engel vom „Reichsboten," nicht gefielen, machten sie mich in ihrem anmuthigen Stile sofort zu einem „jüdischen Preßbengel." Nun gestatte ich persönlich ihnen gern so harmlose Scherze auf meine Kosten, aber wenn ich nach ihrer unmaßgeblichen Meinung schlechte Dinge gethan haben soll, weshalb hängen sie dieselben sofort dem Judenthum auf? Und zwar verleumberischer Weise, denn ich bin kein Jude und ich hätte das beinahe hier nachgewiesen, indem ich meinen Stammbaum sechs oder sieben Generationen aufwärts zumeist durch pommersche Predigerfamilien verfolgte, wenn mir glücklicherweise nicht noch rechtzeitig beigefallen wäre, daß ich dadurch in das Garn des Herrn v. Scheel rennen und mich als zugehörig verrathen würde zu jenem „norddeutsch-slavischen Typus, der sich ohne Schnapsflasche nicht vorstellen läßt." Es ist wirklich ein wahrer Jammer: man möchte es so gern den neuesten Reformatoren des „deutschen" Wesens recht machen und sich ein bescheidenstes Theilchen am Vaterlande retten, aber wenn man nicht die Vorsicht begangen hat, gleich als Junker oder Pfaff geboren zu werden, scheint man nur noch als Helot auf deutscher Erde leben zu dürfen.

und von dem teuflischen Gedanken berückt werden müssen, ihr Leben und Wirken im deutschen Volke, ihres irdischen Daseins bester und tiefster Inhalt sei doch nur ein wesenloser Schatten und Traum.

VIII.
Die jüngste Wahlbewegung in Berlin.

Herr Stöcker und seine Judenagitation waren der Eierstock, aus dem die „conservative" Wahlbewegung in Berlin erwuchs, die während dieses Herbstes so vielen Lärm erregte im ganzen deutschen Reiche und selbst noch weit über seine Grenzen hinaus. Kein Zweifel, der reisige Gegner des jüdischen Wuchers verstand mit der Judenfrage zu wuchern, daß sie ihm hundert- und tausendfachen Zins trug. Die fünfzig Steifleinenen schwollen in der That so ziemlich auf das Tausendfache an. Aber da die Schande nunmehr hinausmußte ins helle Tageslicht, mochte sie doch nicht so ganz bloß gehen. Zum Gespenst des Antisemitenthums gesellten sich zwei andere Gespenster, auf daß die berühmte Trias der Reaction sich wiederhole; der Haß gegen die Juden verschwisterte sich diesmal zwar nicht mit dem Hasse gegen die „Polen und Franzosen", oder gegen die „Lehrer und Postschreiber", wohl aber mit dem Hasse gegen die liberalen Zeitungen und mit dem Hasse gegen die Fortschrittspartei. Mustern wir nunmehr auch noch schnell die jüngste Färbung des Stöckerthums!

Ehe aber in den folgenden Ausführungen die „conservative" Wahlbewegung in Berlin näher betrachtet wird, will ich ausdrücklich hervorheben, daß ich von meinem allgemeinen Urtheile über dieselbe von vornherein Herrn Professor Wagner ausnehme, der ja in ihr als „antifortschrittlicher" Wahlcandidat des vierten Wahlkreises eine gewisse Rolle gespielt hat. Nicht aus persönlichen Gründen mache ich diese Ausnahme, — ich habe nicht die Ehre, Herrn Wagner persönlich zu kennen, und sehe auch keinen Grund ab, weshalb ich eine Polemik gegen ihn scheuen sollte —, sondern weil ein zutreffendes Urtheil über Stöcker, Cremer und Consorten sich nicht zugleich auf Wagner ausdehnen läßt, ohne schief und schielend zu werden. Herr Wagner hat eine Reihe von Wahlreden gehalten, die in ihrem Inhalte anfechtbar, aber in ihrer Form anständig und würdig waren; er hat die christlich-sociale Parteibildung als solche verurtheilt; er hat sich ebenso nachdrücklich gegen die Judenhetze erklärt; er hat sich auch nicht an den wüsten Orgien betheiligt, durch welche der nationale Gedenktag des 18. October von seinen diesmaligen Kampfgenossen zu beflecken gesucht wurde, und wenn er am Tage nach der Niederlage Arm in Arm mit Herrn Stöcker sein Jahrhundert in die Schranken gefordert hat, so gereicht ihm das persönlich zur Ehre, vermag ihn aber sachlich nicht auf dieselbe Stufe mit Stöcker zu stellen. Vielmehr was Herr Wagner gefehlt hat, steht auf einem ganz anderen Blatte, als was Herr Stöcker sündigt. Herr Wagner unterliegt mehr als billig der bekannten Schwäche bedeutender Menschen, seine Lorbeeren gerade da zu suchen, wo sie nun einmal für ihn nicht wachsen. Er ist ein großer Gelehrter, aber große Gelehrte sind selten gute Politiker, wie denn auch gute Politiker selten große Gelehrte sind (woraus beileibe nicht gefolgert werden darf, daß Herr Stöcker, da er kein guter Politiker ist, ein großer Gelehrter sein soll). Das ist auch keine zufällige, sondern eine tief begründete Erscheinung. Der Ruhm des Gelehrten besteht darin, niemals befriedigt zu sein, niemals stille zu stehen, sondern immer weiter zu streben, rastlos, ruhelos, wieder und wieder die gefundenen Ergebnisse durchzuackern mit dem scharfen Pfluge der Kritik, die altgewohnten und liebgewordenen Pfade in jedem Augenblicke freudig zu verlassen um eines neuen Weges willen, an dessen Ziele neue Früchte wissenschaftlicher Erkenntniß winken. Je höher diese Fähigkeit in dem einzelnen Gelehrten ausgebildet ist, um so mehr erfüllt er seinen Beruf und in Wagner ist sie auffallend hoch ausgebildet; gerade die kühne und scharfe Beweglichkeit seines Geistes zeichnet ihn vor andern aus; was ihm thörichte Menschen zum Vorwurfe machen, daß er heute einen wesentlich andern Standpunkt vertrete wie vor zehn Jahren und daß sich in seinen Schriften starke Widersprüche finden, gereicht ihm wissenschaftlich zum höchsten Ruhme, denn es ist das echteste Kennzeichen einer starken und wahrhaftigen Forschernatur. Anders, ganz anders ist die Aufgabe des Politikers. Er ist gar nicht denkbar und möglich ohne eine gewisse Beschränkung; er muß sich an irgend einer Grenze bescheiden; er muß einen bestimmten Weg und ein bestimmtes Ziel haben; er muß des freudigen Glaubens leben, — wie sehr immer der nachdenkliche Philosoph den holden Wahn belächeln mag —, daß wenn dies sein Ziel erreicht sei —, so etwas wie das goldene Zeitalter für die Menschheit anbreche. Ohne diese feste Zuversicht, ohne diese genau vorgezeichnete Laufbahn ist ihm kein großes

Wirken möglich. So grundverschieden sind die Anlagen, welche der Gelehrte und der Politiker haben müssen, aber dieser Unterschied verschärft sich noch bedeutend, sobald sich in einem bestimmten Falle das Gebiet des Forschers und des Politikers nahe berühren. Wenn Herr Wagner in stolzem Bewußtsein den Politikern Mommsen und Virchow zurief: „Schuster, bleibt bei euren Leisten", so befand er sich in einer wunderlichen Selbsttäuschung, denn offenbar können ein Geschichtschreiber des alten Roms und ein moderner Naturforscher auf dem ihren wissenschaftlichen Arbeiten völlig fernliegenden Felde der Tagespolitik weit eher ihre Gelehrtennatur abstreifen und sich in der nothwendigen Selbstbescheidung des Politikers gefallen, als wenn ein socialwissenschaftlicher Forscher ein praktischer Socialpolitiker werden soll. Man denke sich nur den Fall, Herr Wagner wäre Mitglied der conservativen Reichstagsfraction geworden und sollte nun socialpolitisch nicht weiter gehen, als die socialpolitische Welt der Kleist-Retzow und Minnigerode mit Brettern vernagelt ist, so liegt es doch auf der Hand, daß dabei der Gelehrte oder der Politiker oder auch einer wie der andere beträchtlich zu kurz gekommen wäre. Unter diesem Gesichtspunkte kann es nur freudig begrüßt werden, daß die eminente Kraft Wagners ganz und voll der Wissenschaft erhalten geblieben ist.

Um nun aber auf Herrn Stöcker zurückzukommen, so gilt es nunmehr, ihn als Reformator der Presse zu betrachten. Glücklicher Weise ist die Sache bald erledigt, denn hier ist nicht erst ein verfitztes Knäuel von Widersprüchen abzuwickeln; melancholisch haben wir nur auf eine uferlose Schimpflache zu blicken, in welcher die Frösche quaken und die Vipern schleichen. Die einzige That des großen Mannes auf diesem Felde seiner reformatorischen Thätigkeit ist die „Deutsche Volkswacht," welche leider durch die Dunkelheit und Kürze ihres Lebenslaufs verhindert wurde, unsterblich im Sprichworte fortzuleben als das ruppigste Organ, das je in deutschen Lettern gedruckt wurde. In seinen endlosen Schimpfreden auf die Presse — wann hat Herr Stöcker je nur den Schatten eines ernsthaften Vorschlags gemacht, die — angeblichen oder wirklichen — Gebrechen abzustellen, über welche er sich so maßlos beklagt? Und wie sollte er auch bei seiner berufsmäßigen Unwissenheit!*)

*) Selbstverständlich fällt es mir nicht ein, leugnen zu wollen, daß unsere Presse schwere und zahlreiche Gebrechen hat; jeder ernsthafte Journalist empfindet sie schmerzlicher und tiefer, als alle Ritter von der traurigen Gestalt, welche ihre stumpfen Lanzen gegen die Presse einlegen. Die Sache ist nur die, daß das Schimpfen sehr

Ist es ja auch nicht eigentlich die Presse an sich, als vielmehr die liberale Presse, gegen welche er seine Pfeile richtet. Und zwar seine vergifteten Pfeile. Denn wer die Presse bekämpfen will und greift eine einzelne Parteipresse heraus, der redet wider die Wahrheit und auch wider besseres Wissen. Sobald einer so weit in der Presse sich umgethan hat, um den „Börsencourier" zu kennen, dann kennt er auch das „Baier. Vaterland," dann kennt er auch die „Reichsglocke" und den „Deutschen Patrioten." Jede Parteipresse hat gute und jede Parteipresse hat schlechte Blätter; mag die liberale Partei ein paar Schandblätter mehr mustern, so hat sie mindestens in demselben Maße auch mehr große und würdige Zeitungen; sie ist eben die zahlreichste Presse. Das durchschnittliche Verhältniß ist überall dasselbe. Ueberhaupt — wenn Herr Stöcker auf die liberale Presse schimpft, so ist es neun unter zehn Malen der „Börsencourier", auf den er es gemünzt hat. Dies ist schon an sich unglaublich lächerlich; man denke sich einen liberalen Parteiführer, der eine Massenbewegung gegen die conservative Partei ins Leben rufen und seinen Stoff ewig aus dem „Deutschen Patrioten" nehmen wollte! Der Mann würde ja unter der Wucht der allgemeinen Heiterkeit begraben werden. Aber Herr Stöcker hat die Menschheit nicht verwöhnt; bei ihm wundert man sich über nichts mehr. Sein „Börsencourier" soll ihm aber wirklich geschenkt sein; die liberalen Parteien verzichten freiwillig und gern auf diesen Besitz. Es ist ja auch solch würdiges Paar, Herr Stöcker und der „Börsencourier;" sie gleichen sich vom Scheitel bis zur Sohle, wie ein faules Ei dem andern; man weiß ja, wenn sie am Molkenmarkt einen Pas de deux tanzten,

---

leicht und das Reformiren sehr schwer ist. Ich selbst arbeite seit langen Jahren an einem kritisch-wissenschaftlichen Werke über die deutsche Tagespresse, das seiner ganzen Anlage nach nichts weniger, als ein blindes Loblied auf die „sechste Großmacht," aber allerdings ebenso wenig eine sinnlose Schmähschrift auf einen nun doch einmal unentbehrlichen Hebel der modernen Culturentwicklung sein soll. Ich habe die Arbeit immer wieder zurückgelegt, da sie eine solche Fülle von geschichtlichen, socialpolitischen, statistischen, juridischen, psychologischen ꝛc. Vorarbeiten voraussetzt, daß ich an ihrer alsbaldigen Bewältigung stets verzagte. Nun gebe ich gern zu, daß dies Mißlingen nur auf Rechnung meiner gar zu schwachen Kräfte kommt, allein soviel getraue ich mir doch sagen zu dürfen, daß wer einmal einen ernsten Versuch macht, die, wie gesagt, unzweifelhaften Schwächen der Presse auf ihre eigentlichen Ursachen zurückzuführen, sich künftig hüten wird, leichtfertig über den mühsamen und undankbaren Beruf unserer Zeitungen zu sprechen, was leider noch ganz andere und sehr viel achtbarere Leute, wie Herr Stöcker, gar zu gern zu thun pflegen.

wie schwer es der Rechtsprechung wurde, an dem einen ein Härchen weniger Schuld zu entdecken, als an dem andern; die „siegreichen" Urtheile, welche Herr Stöcker davontrug, soll er niemals als Zimmerschmuck an der Hinterwand seines Spiegels befestigt haben.

Neun, wie gesagt, unter zehn Malen ist es der „Börsencourier," welcher die Zeche zahlt, wenn Herr Stöcker auf die liberale Presse schimpft, und das zehntemal muß es Lassalle thun. „Wie?" ruft der erstaunte Leser, welcher glaubt, er habe falsch gelesen oder ich wolle ihn ein wenig nasführen, „derselbe Lassalle, der sich in seinen Briefen wieder und wieder rühmt, die grundverdorbene, preußische Aristokratie im Processe Hatzfeldt unter seine Füße gezwungen zu haben? Derselbe Lassalle, der in seinem bedeutendsten, wissenschaftlichen Werke nachweist oder nachzuweisen versucht, die conservative Partei habe durch die preußische Agrargesetzgebung der fünfziger Jahre „widerrechtlich und wider das eigene Rechtsbewußtsein am armen Mann zu Gunsten der reichen Grundaristokratie einen Raub begangen"?*) Derselbe Lassalle, der als die Liberalen im Beginn der Conflictszeit sich möglichst mit den Conservativen verständigen wollten, den ersteren zurief: „Kein Versöhnungsdusel, meine Herren! Kein neuer Compromiß, sondern: den Daumen aufs Auge und das Knie auf die Brust!"**), dieser selbe Lassalle ist heute eine Autorität für die conservative Bewegung?" Gewiß, mein Leser, dieser selbe Lassalle ist es, auf dessen Wort Herr Stöcker bei jeder zehnten Verleumdung schwört. „Aber wie ist das erhört! Wer kann seine eigene Sache so schamlos an den Pranger stellen!" O das ist sehr einfach; Lassalle hat in der schwächsten und traurigsten Stunde seines Lebens ein bis zwei Druckbogen unflätiger Schimpfereien über die liberale Presse auslaufen lassen und seitdem — „Freilich, dann versteht sich allerdings alles von selbst."

Gewiß thut es das. Was aber Lassalle anbetrifft, so hatte er vor seiner Arbeiteragitation nie etwas von der Schlechtigkeit der liberalen Presse entdeckt. Im Gegentheil war er ein fast täglicher Gast im Hause der „Volkszeitung", die er öffentlich noch 1859 ein „populär und ehrlich redigirtes Blatt" nannte, in einer Schrift, die sogar im Verlage der „Volkszeitung" erschien.***) Bekanntlich nahm Lassalle damals, im

---

*) Lassalle, System der erworbenen Rechte I, 238 u. f. Vgl. auch Lassalle, die Wissenschaft und die Arbeiter 15.
**) Lassalle, Was nun? 51.
***) Lassalle, der italienische Krieg und die Aufgabe Preußens 13.

geraden Gegensatze zu Marx, eine sehr patriotische Haltung angesichts des französisch-italienisch-österreichischen Krieges ein, eine Haltung, welche die liberale Presse, vaterlandsliebend wie sie ist, nur loben konnte. Darauf entbrannte der Conflict und Lassalle gab der liberalen Partei revolutionäre Rathschläge, welche die liberale Presse, vaterlandsliebend wie sie ist, nur abweisen konnte. Zornentbrannt unternahm darauf der Eitelste aller Menschen seine Arbeiteragitation, die heute selbst von den verständigeren Socialdemokraten als der reine Widersinn verworfen wird*) und von der liberalen Presse, vaterlandsliebend und vorausschauend wie sie ist, schon vor achtzehn Jahren verworfen wurde. Zugleich führte die liberale Presse, vaterlandsliebend wie sie ist, den Kampf für das verfassungsmäßige Recht des Landes fort, nicht zwar mit den revolutionären Waffen, zu denen Lassalle gerathen hatte, aber wohl auf streng verfassungsmäßigem Wege; die politische und sittliche Berechtigung dieses Kampfes anzuerkennen, ist ja später Fürst Bismarck selbst großsinnig genug gewesen. Damals freilich erließ er am 1. Juni 1863 die bekannte Preßordonnanz, welche die liberale Presse knebelte, weil sie für das Recht des Landes stritt. Und diesen Augenblick benutzte Lassalle, der große Demokrat und Revolutionär, der polizeilich mundtodt gemachten Presse von hinten den Dolch giftiger Verleumdung in den Rücken zu rennen. Man erwäge die ganze Niederträcht dieser Handlungsweise: die liberale Presse war geknebelt, weil sie für das verfassungsmäßige Recht des Landes stritt, ein Recht, das Lassalle selbst für so unanfechtbar hielt, daß er jeden „Compromiß" als „Versöhnungsdusel" abfertigte und mit der conservativen Partei nur noch „den Daumen aufs Auge und das Knie auf die Brust" verhandeln wollte. Nun aber wollte der große Revolutionär, da er keine „Arbeiterbataillone" zusammentrommeln konnte, selber mit dem Ministerpräsidenten „compromittiren" und da er doch irgend eine Morgengabe, irgend ein do ut des ins Lager der Regierung mitbringen mußte, so wählte der feurige Heldengeist die liberale Presse, welche von der eisernen Faust der Polizei bereits an der Kehle gepackt war, zu seinem Opfer. Er hielt die berüchtigte Rede (die Feste, die Presse und der frankfurter Abgeordnetentag) im September 1863 in mehreren rheinischen Städten; als er sie für den Druck niederschrieb, sagte er zu seinem Freunde Lewy: „Was ich da schreibe, schreibe ich blos für ein paar Leute in Berlin."**)

*) Vgl. beispielsweise Bracke, der Lassalleiche Vorschlag.
**) Bernh. Becker, Geschichte der Arbeiteragitation Ferdinand Lassalles 90.

Die „paar Leute" waren nun aber leider nicht auf diesen plumpen Bauernfang eingerichtet; der große Agitator hatte seinen schimpflichen Verrath umsonst begangen; Herr v. Bismarck empfing ihn mit dem berühmten Gedanken: „Was kannst du armer Teufel bieten?"

Wie schamlos Lassalle in seiner Rede über die liberale Presse log, geht am schlagendsten daraus hervor, daß er seine Falstaffhiebe vorzüglich nach der „Volkszeitung" richtete, die er bewunderte, so lange sie ihn lobte, und die er nicht schlecht genug machen konnte, sobald sie ihn tadelte. Herr Bernstein — es ist derselbe verdienstvolle Volksschriftsteller, den jüngst eine süddeutsche Hochschule um seiner literarischen Leistungen willen zum Ehrendoctor machte — war nach Lassalle 1859 „ehrlich und volksthümlich" und konnte 1864 „nicht einmal deutsch schreiben". Um aber den letzten Zweifel an seiner verleumberischen Treulosigkeit zu beseitigen, lobte der strenge Sittenrichter im Gegensatze zur liberalen Presse einige verkommene Winkelblättchen im Stile der „Deutschen Volkswacht", die seine Partei ergriffen hatten, über den Schellendaus. Er rühmte sie namentlich, weil sie keine Inserate aufnähmen; was es damit aber für eine Bewandniß hatte, sagt Bernhard Becker, damals Lassalles nächster Vertrauter und sein von ihm selbst testamentarisch eingesetzter Nachfolger in der Leitung des allgemeinen deutschen Arbeiter=vereins, in folgenden Worten: „Da Lassalle die beiden ihm freundlich gesinnten Blätter „Volksfreund" (in Frankfurt) und „Nordstern" (in Hamburg) in seiner Rede als musterhaft pries, weil sie keine Annoncen gebracht hätten, so darf nicht unerwähnt bleiben, daß der frankfurter „Volksfreund" regelmäßig die wenigen ihm zugeschickten Annoncen aufnahm und sich bezahlen ließ, während der „Nordstern," jenes schauderhaft schlecht redigirte Blatt, wegen der in Hamburg eingeführten Annoncensteuer, um keinen Verlust zu erleiden, auf die Aufnahme der wenigen Annoncen, die sich zu ihm verirrten, verzichten mußte." Dies also ist die wundersame Historie von Lassalles Feldzug gegen die liberale Presse.

Die Gerechtigkeit gebietet zu erwähnen, daß sich einige Erklärungs= und Milberungs=, wenn auch ganz und gar keine Rechtfertigungsgründe für diese Taktik des socialdemokratischen Agitators auffinden lassen; ich selbst habe dieselben an anderem Orte hervorgehoben und wenn ich oben starke Ausdrücke für sein Verfahren gebrauche, so geschieht es nicht, weil ich das Andenken Lassalles, dessen bedeutende und große Seiten ich stets anerkannt habe, unnöthig bloßstellen will, sondern weil es bringend nothwendig ist, endlich einmal den unerhörten Schwindel aufzudecken, der mit Lassalles „Verurtheilung der liberalen Presse" von „conservativer" Seite getrieben wird. Die liberale Presse hat dem Fehltritte ihres bei alledem genialen Gegners immer eine noble Schonung erwiesen und sie konnte es um so eher, als der socialdemokratischen Agitation dies Erbstück aus dem Nachlasse ihres Stifters zu schmutzig war; niemals hat dieselbe die Argumentationen dieser Rede für ihre Zwecke benutzt. Erst Herrn Stöcker war es vorbehalten, den lügenhaften Trödel nochmals aufzumuntern und dabei zeigte sich freilich wieder, daß keine Sache so unsauber ist, daß sie nicht noch viel unsauberer würde, wenn dieser Mann sie anfaßt. Er entnimmt von Lassalle nur die gemeinen Schimpfworte über die liberale Presse, verschweigt aber wohlweislich, daß Lassalle immerhin nicht allein die liberale Presse, sondern die Presse an und für sich, die Presse schlechthin als verfallen dargestellt und daß er für die Ursache ihres Verfalls auch nicht die „jüdischen Preßbengel", was ihm freilich sehr schön angestanden haben würde, sondern allgemeine sachliche Ursachen angegeben hatte, die nach seinen Vorschlägen durch allgemeine, sachliche Reformen beseitigt werden sollten. Von alledem will Herr Stöcker nichts wissen. Natürlich genug, sonst könnte ja der Erfolg seiner gegen einzelne Bevölkerungsklassen und Personen gerichteten Hetzereien beeinträchtigt werden! Welches sind nun aber die Reformvorschläge Lassalles? 1. Abschaffung der Cautionen; 2. Aufhebung der Zeitungsstempelsteuer; 3. absolute Preßfreiheit; 4. Verbot der Inserate. Die beiden ersten Punkte sind gegen den hartnäckigen und langjährigen Widerstand der Conservativen von den liberalen Parteien durchgesetzt worden, wonach also, wie die Nachbeter Lassalles zweifellos zugeben müssen, die Liberalen bisher ein ungleich höheres Interesse für die Hebung des Preßwesens bekundet haben, wie die Conservativen. Indessen die Letzteren können ja das Versäumte noch reichlich nachholen und die beiden anderen Forderungen Lassalles durchsetzen; Herr Stöcker als neues Mitglied des Reichstags regt sie hoffentlich dazu an. Thut er es nicht, so beweist er einfach, daß er dem socialdemokratischen Agitator nur so weit folgt, als derselbe schimpft und verleumdet, ihn aber sofort wie die Pest flieht, wenn derselbe sachliche Heilmittel angiebt. Das heißt mit anderen Worten: Herr Stöcker zeigt dann nur wieder, daß auch in dieser Frage die fahlen Zwillingsrosse der Heuchelei und Verleumdung vor seinen socialpolitischen Streitwagen geschirrt sind.

Neben den Juden und den liberalen Zeitungen war es dann endlich die Fortschrittspartei, gegen welche Herr Stöcker und seine Steifleinenen in der letzten Wahlbewegung anstürmten. Ja, fast schien es, als ob sie diesen Gegner am meisten haßten; da sie bei jeglichem Mangel an Charakter und Geist keinen Namen für sich finden konnten, der überhaupt etwas besagen wollte, machten sie eine Anleihe bei dem Namen der Feinde; da sie kein eigenes Licht hatten, mit dem sie leuchten konnten, ließen sie das Licht der Widersacher auf sich zurückfallen. Sie nannten sich „Anti= fortschrittler". Nun läßt sich gegen die Fortschrittspartei vielerlei aus den mannigfaltigsten Gesichtspunkten sagen. Unter den liberalen Gruppen prägt sie am schwächsten die Licht=, am stärksten die Schattenseiten des liberalen Gedankens aus. Unbillig stark überwiegt in ihr ein nergelnder Individualismus, eine flach=rationalistische Auffassung geschicht= licher Macht= und Rechtsfragen, welche die Partei in die schlimmsten Irrthümer geführt hat, namentlich seitdem ihre großen Patrioten und Politiker, wie Waldeck und Ziegler, gestorben sind und Eugen Richter, eine bureaukratische, gewandte, einseitig scharfsinnige, aber nichts weniger wie politische Natur die Führung übernommen hat. Er ist eine der letzten Manchestersäulen innerhalb des deutschen Liberalismus und ermangelt in beklagenswerthem Maße eines schärferen und tieferen Blicks für die socialen Probleme der Gegenwart. Auf socialpolitischem Gebiete hat die Fortschrittspartei überhaupt viel Unheil angerichtet; die eine, allerdings sehr glänzende Ausnahme von Schulze=Delitzsch bestätigt einzig die Regel und zudem ist die schöpferische Thätigkeit dieses vorzüglichen Mannes bekanntlich weit mehr dem Handwerker=, als dem Arbeiterstande zu gute gekommen. Seitdem er sich, müde von den Anstrengungen eines arbeits= und ehrenreichen Lebens, mehr in den politischen Hintergrund zurückgezogen hat, ist ein sehr unglücklicher Socialpolitiker der besondere Arbeiterführer der Partei geworden: Max Hirsch nämlich, der durch seine leichtfertigen und unüberlegten Agitationen weit mehr Schaden als Nutzen gestiftet hat. Namentlich das Gewerkvereinswesen, welches in England so reiche und schöne Früchte trägt, hat er gründlich verfahren, indem er es zur Förderung sehr ein= seitiger Parteizwecke, ohne ernste Vorbereitung, ja ohne irgend welche auch nur halbwegs genügende Kenntniß der Trades=Unions in Deutsch= land einführte, wie jüngst noch erst Brentano, der erste, deutsche Kenner dieses Gebiets, in actenmäßig unwiderleglicher Weise dargethan hat. Das allgemeine Interesse an diesen socialen Neubildungen wurde ohnehin von vornherein erstickt, indem sie durch Max Hirsch in das enge und seichte Fahrwasser einer beschränkten Fractionspolitik geleitet wurden, worin sie alsbald auf den Sand gerathen mußten und gerathen sind. Immerhin kann sich Max Hirsch, um ihm nicht zu viel zu thun, socialpolitisch noch weit eher, wie Herr Stöcker, sehen lassen. So gut er die Sache verstand und so weit seine Kräfte reichten, hat er sich wenigstens redlich an dem abgequält, was er nun einmal für seine Lebensaufgabe hält und wie verkümmert immer seine Gewerkvereine sein mögen, sie sind doch wenigstens da; sie leisten den Arbeitern etwas, sei es nun wenig oder viel; genug Herr Hirsch kann auf etwas Gethanes und Vollbrachtes hinweisen, was Herr Stöcker bis auf den heutigen Tag noch nicht kann.

Dies und noch sehr viel Anderes rein politischer Natur läßt sich gegen die Fortschrittspartei mit Recht einwenden und ist ja auch von jeher mit großem Nachdrucke gegen sie eingewandt worden, nicht zuletzt aus dem Schoße des Liberalismus selbst. Ein Uebermaß an Freunden hat die Partei nie gehabt; sie hat nach ihrer kleinlichen Art viel an aller Welt herumgequengelt, aber alle Welt hat ihre Angriffe redlich, und gelegentlich wohl auch mit Zins und Zinseszins, heimgezahlt; in unsern Parlamenten warf sie bisher nur ein nach Einfluß und Zahl geringes Gewicht in die Wagschale. Weshalb sie gerade einen so himmelhoch lobernden Zorn erregen mußte, wie er sich in der „anti= fortschrittlichen" Bewegung kundgab, ist deshalb nicht recht verständlich. Denn die officiöse Behauptung, sie sei „landesverrätherisch", ist natürlich nur ein lichterloher Wahnwitz, über den man einzig mit dem Achselzucken unaussprechlicher Verachtung zur Tagesordnung gehen kann. Eher erkennt man vielleicht die wirklichen Ursachen des ganzen Spectakels, wenn man das eigentliche Ziel desselben näher ins Auge faßt und da findet man denn mit einiger Ueberraschung, daß sich die Wucht dieses Sturmbocks weit mehr gegen die communale Herrschaft der Fortschritts= partei in einzelnen großen Städten, wie Breslau und namentlich Berlin, als gegen ihr politisches Dasein richtete. Hierfür ließe sich nun vielleicht geltend machen, daß der Miethssteuerconflict des Reichskanzlers mit den städtischen Behörden von Berlin Herrn Stöcker und seine Steifleinenen so unmäßig erregt habe, daß sie alle Grenzen des Anstands und der Vernunft in ihrer „antifortschrittlichen" Agitation überschritten. In= dessen auch diese Unterstellung erscheint bei genauerer Ueberlegung als hinfällig. Jener Conflict war ein persönlicher, heute schon halbver= gessener Zwischenfall, der eine politische Tragweite unmöglich beanspruchen kann. Wenn irgend ein Mensch auf der weiten Welt, so hat Fürst Bismarck das Recht, Nerven zu haben und wenn ihn seine Nerven eine Kränkung empfinden lassen, die gar nicht beabsichtigt war und auch thatsächlich gar nicht vorlag, so ist das für die Nächstbetheiligten sehr peinlich, aber die Nation, welche ihren leitenden Staatsmann liebt und verehrt, vergißt gern und schnell seine kleinen Irrungen um seiner großen Verdienste willen, und dieser Punkt ist auch kaum in der berliner Wahlbewegung berührt worden, so heftig und wild sie war. Hier kann also auch nicht gut der Grund für die unversöhnliche Gegnerschaft gegen die fortschrittliche Communalverwaltung von Berlin liegen, aber — kann von der letzteren denn überhaupt gesprochen werden? Verwaltet denn die Fortschrittspartei allein die deutsche Hauptstadt oder nehmen Mitglieder aller Parteien an dieser Verwaltung theil? Und so weit die Fortschrittspartei dabei vorwiegend eingreift, betheiligt sie sich damit nicht an positivem Schaffen, legt sie dabei nicht den blos „negirenden" Charakter ab, der ihr, sei es nun mit Recht oder Unrecht, in erster Reihe von „antifortschrittlicher" Seite zum Vorwurfe gemacht wird, ist die communale Seite des fortschrittlichen Mondes nicht ungleich freundlicher und heller, wie seine politische? Und wenn dies alles unbestreitbar sein sollte, wie es denn wohl unbestreitbar ist, sollte sich der „antifortschrittliche" Ansturm nicht vielmehr gegen die communale Verwaltung von Berlin, als gegen ihren fortschrittlichen Charakter gerichtet haben? Nehmen wir einmal versuchsweise diese Fährte auf und sehen wir, wohin sie führt!

Die Bildung und das Wachsthum der modernen Millionenstädte und ihre organische Einfügung in das nationale Leben der einzelnen Völker ist ein noch nicht hinlänglich untersuchtes Problem. Diese Weltstädte tragen socialpolitisch zunächst mehr den Charakter eines ungeheuren Nomadenlagers, als einer wirklichen Gemeinde; sie sind nicht eigentlich schon festes, sorgsam gepflegtes Ackerland, sondern formlos zerfließende Inseln, welche die ruhelose Woge des nationalen und theilweise auch des internationalen Lebens in ewig zitternder Bewegung erhält. In Berlin beispielsweise sind 55 Procent der Bevölkerung noch nicht 10, 76 Procent noch nicht 20, 87 Procent noch nicht 30 Jahre Berliner. Dabei verschlechtert sich nach den Ausweisen des statistischen Jahrbuchs von Berlin*) progressiv das Verhältniß, in welchem die eingeborene

---

*) Ich entnehme die obigen Ziffern dem Jahrgange für 1877; ein neuerer ist mir augenblicklich nicht zur Hand, doch haben sich die Verhältnisse seitdem nicht geändert.

hinter der zugezogenen Bevölkerung zurückbleibt, d. h. die erstere wird in immer höherem Grade majorisirt. Zudem geht es ihr wie den Ureinwohnern des amerikanischen Continents; sie muß immer weiter in die Wildniß. Am schwächsten sind die Berliner in den eleganten Theilen der Stadt vertreten, am stärksten in den ärmsten Stadtvierteln, in den Proletariervorstädten des Nordens und Südens, die großentheils erst neu bebaut sind, so daß kein Zweifel darüber sein kann, daß der geborene Berliner erst durch die Zeitverhältnisse hinausgedrängt wird. In dem Zuzuge selbst aber läßt sich durchaus keine Stetigkeit entdecken; es ist ein Gehen und Kommen wie in einem Taubenschlage. Von der in den Jahren 1872 bis 1875 zugezogenen halben Million war in demselben Zeitraum etwa die Hälfte wieder spurlos verschwunden.

Solche Zustände bieten zweifellos gewisse sociale Gefahren, welche namentlich in denjenigen Staaten hervortreten müssen, deren politische Verfassung, wie in Deutschland und Frankreich, mit auf dem demokratischen Grundsatze des allgemeinen Stimmrechts beruht. Offenbar lassen sich diese Zustände auch nicht im Handumdrehen beseitigen. Sie können wohl bis zu einem gewissen Grade gemildert werden, aber alle gesunden Reformen und alle reactionären Quacksalbereien an den Grundsätzen des modernen Verkehrswesens vermögen nicht die Entstehung der modernen Weltstädte zu hindern, vermögen noch weniger den mächtigen Wellenschlag dieses Oceans von Menschen in ein schläfrig plätscherndes Bächlein zu verwandeln. Es gilt also, da die Zustände selbst sich nicht aus der Welt schaffen lassen, ihre Gefahren zu beseitigen. Hierfür lassen sich zwei Wege denken: entweder hält man die weltstädtischen Massen durch einen despotischen Druck zusammen oder man schafft öffentliche Einrichtungen großartigen Umfangs, welche den ab- und zuströmenden Menschenwogen einen geistigen und sittlichen Halt geben, sie mit einem einheitlichen öffentlichen Geist durchdringen, sie niemals ihre staatsbürgerlichen Pflichten vergessen lassen. Einen dritten Weg giebt es nicht.

Frankreich hat sich bekanntlich für den ersten Theil dieser Alternative entschieden. Seit hundert Jahren mag Paris alles sein und ist auch in gewissem Sinn alles gewesen, nur keine Gemeinde. Oder vielmehr es war nur dann eine Gemeinde, wenn sich alle Bande der Ordnung und Zucht gelöst hatten; die Thaten und Leiden der pariser Communen von 1792 bis 1871 füllen die schrecklichsten Blätter der französischen Geschichte. Der Begriff der pariser Gemeinde ist ein

Gorgonenhaupt, das jedem Oberhaupte des französischen Staats das Blut in den Adern gerinnen läßt; unter dem Dutzend von Regierungs=systemen, die sich seit der großen Revolution gefolgt sind, war keins, dessen oberster Glaubenssatz ein anderer war, als daß Paris mit einer eisernen Faust regiert werden müsse. Mit einer eisernen Faust allerdings, die in einem sammtenen Handschuh steckte. Darin sind alle Parteien einig von den Legitimisten bis zu den Republikanern. Es würde hier zu weit führen, die geschichtlichen Ursachen dieser Entwicklung näher darzulegen; genug, daß die Thatsache selbst jedem Kenner der französischen Geschichte vollkommen geläufig ist. In seiner Art am großartigsten hatte der dritte Napoleon das System der eisernen Faust im sammtenen Handschuhe ausgebildet. Auf Gnade und Ungnade übergab er die Hauptstadt seinem getreuen Sclaven Haußmann, dessen allmächtiges Pascharegiment nicht die leiseste selbstständige Regung duldete; der Gemeinderath von Paris war ein leeres Schattenspiel an der Wand, vom Kaiser selbst aus willenlosen Creaturen ernannt. Das war die eiserne Faust und der sammtene Handschuh war das Bestreben des Kaisers, welches neun Zehntel seiner Herrschersorgen erfüllte, die pariser Massen bei guter Laune zu erhalten. Dies Streben bildete den leitenden Gedanken seiner ganzen Socialpolitik; kein Mittel für diesen Zweck hat er unversucht gelassen, keine Kosten dafür gescheut — von den Feuerwerken und Freibühnen des Napoleonstages an bis zu seiner letzten, socialpolitischen Idee, dem umfassenden Plane einer großen Staatsversicherungskasse für die Arbeiter. Unleugbar war das System auch für sein despotisches Regiment bequem; so lange er die Hauptstadt in fester Hand hielt, hatte er zugleich das Land. Das böse X in der sonst sehr glatten Rechnung war nur die Frage, wie Jahr um Jahr und Tag um Tag eine launische, wechselnde, wetterwendische, aller öffentlichen Pflichten entwöhnte Masse von zwei Millionen Menschen in gnädiger Stimmung erhalten werden könnte, wie sich aus diesem wehenden Flugsande ein Fels von Erz thürmen ließe, auf dem der Thron des Selbstherrschers sicher stände. Mit nimmermüden Händen hat der Napoleonide an diesem Danaidenwerke gearbeitet und so lange die Sonne seines Glückes im Zenithe stand, nicht ohne Erfolg. Wie tanzten da dichte Schwärme von Eintagsfliegen in den goldenen Strahlen; wie überschlug sich in abgöttischer Anbetung des Despoten die „conservative" Menge von Paris! Aber in der Stunde der Gefahr bewährte sich wieder einmal die uralte Erfahrung der Geschichte, daß was nicht widerstehen kann, auch nicht stützt. Flugsand blieb eben Flugsand. Nie ist ein stolzes Regiment kläglicher und lächerlicher gefallen; nicht eine Hand regte sich in Paris für den gefangenen Kaiser, als am 4. September 1870 die Parteien nach dem Stadthause stürzten, um sich der herrenlos am Boden schleifenden Zügel des Staats zu bemächtigen. Die napoleonische Herrlichkeit zerstob wie ein prasselndes Theaterfeuerwerk; es blieb nur Dunst und Qualm, es blieb nur der geringe und vornehme Pöbel, den das zweite Kaiserreich gezüchtet hatte. Und was thaten diese „conservativen" Elemente, als sich die despotische Unterdrückung der Gemeindefreiheit in der Erhebung der Commune rächte? Nun, so weit sie etwas zu verlieren hatten, flohen sie feige, sobald sich die ersten Sturmvögel am Horizonte zeigten; hätten sie bei den Wahlen des 26. März 1871 ihre Stimmzettel abgegeben, was sie thun konnten, ohne daß ihnen auch nur ein Haar gekrümmt worden wäre, so wäre noch im letzten Augenblicke alles zu retten gewesen, denn es war eine verhältnißmäßig geringe Minderzahl der pariser Wähler, welche den revolutionären Gemeinderath in das Stadthaus schickte. Dieser vornehme Pöbel aber machte aus Versailles ein zweites Coblenz, lungerte auf Promenaden und in Wirthshäusern umher, schimpfte über das Kaiserreich, das ihn als sein Schoßkind gehätschelt hatte, mißhandelte in nichtswürdiger Weise die gefangenen Communards. Die „conservativen" Elemente aber, die nichts zu verlieren hatten, blieben in Paris; dieser geringe Pöbel machte, da Niemand mehr für ihn zahlte, sich selbst bezahlt; er in erster Reihe ist verantwortlich für die Greuel der Commune und wenn er nicht noch mehr mordete, plünderte und sengte, als er gemordet, geplündert und gesengt hat, so wurde er nur gehindert durch die — Socialdemokraten, durch die Mitglieder der Internationalen. Als dann der Aufstand niedergeworfen war, erfanden vornehmer und geringer Pöbel das Märchen, daß die Internationale die Brandstiftungen und Massenmorde verschuldet habe, eine der dicksten und frechsten Lügen, welche jemals, wie viel das immer sagen will, im neunzehnten Jahrhundert verbreitet und leider auch geglaubt worden sind. So endete die despotische Unterdrückung der Gemeindefreiheit von Paris, wie sie in Frankreich immer geendet hat: in einem Meere von Blut und Thränen.

Im schroffen Gegensatze hierzu hat Preußen und Deutschland stets den andern Theil jener Alternative ergriffen, hat es seine Hauptstadt niemals außerhalb des allgemeinen Landesrechts gestellt. Berlin ist eine viel jüngere Großstadt als Paris, und es ist viel schneller in die

Höhe geschossen; sein tropisches Wachsthum steht in Europa einzig da und findet Gegenbilder etwa nur in den pilzartig aufschießenden Groß= städten der nordamerikanischen Union. Aber unsere Hauptstadt hat die Gefahren dieser Entwickelung, so groß sie sein mochten und sind, glücklich überwunden durch eine gesunde und kräftige Selbstverwaltung. Die Stadt ist kein Polyp mit tausend Fang= und Saugarmen, welche das nationale Leben ersticken, sondern sie ist nur die Erste unter Gleichen. Der tiefe und weise Sinn unserer Städteordnung, die wie Fürst Bismarck einmal im Reichstage sehr treffend sagte, den besseren Communards als unbewußtes Ideal vorschwebte, hat tausendfältige Frucht getragen und trägt sie noch heute; Stein und Hardenberg, gegen welche die ganze Junkerschaft des preußischen Staats so endlos zeterte, waren auch Socialreformer und — ihre Werke zeugen von ihnen. Wie schnell das Blut durch die Adern von Berlin jagt, die Stadt ist doch ein lebendiger Organismus mit Haupt und Gliedern; die städtischen Körperschaften und die vielen Tausende von Ehrenämtern der Gemeinde sind das feste Skelett, welches sie in steter Sicherheit bindet. Und Berlin, das ewig wechselnde, ist in einem unwandelbar: in der Königstreue und Vater= landsliebe; so innige, schlichte und wahre Volksfeste, wie sie die Stadt noch in diesem Frühjahre feierte, als der älteste Enkel des Kaisers seine Braut heimführte, sind in keiner andern Hauptstadt der Welt möglich. Niemals noch ist einem Hohenzollern der Gedanke nahe getreten, daß er um die Bevölkerung von Berlin mehr zu sorgen habe, als um die Bevölkerung von Krotoschin oder Schivelbein und so lange der preußisch= deutsche Staat eine Macht ist in der Welt, wird das auch niemals geschehen. Aber allerdings, was stützt, widersteht auch zuweilen; die Königstreue und Vaterlandsliebe der Hauptstadt wäre nicht so felsenfest verankert, wenn sie sich als bequemen Hebel gebrauchen ließe für die veränderlichen Pläne der wechselnden Regierungen.

Ist nun die Selbstverwaltung von Berlin, dies köstliche Gut des ganzen Reichs, in den Händen ihrer gegenwärtigen Inhaber so ent= artet, daß sie einen Kampf auf Leben und Tod herausfordert? Nur wer sich durch die kleinlichsten Tagesquengeleien den Blick trüben läßt, kann die Frage bejahen wollen. Mag sein, daß die städtische Ver= waltung von Berlin nicht immer ganz gleichen Schritt mit dem reißend schnellen Wachsthum der Stadt gehalten hat, was übrigens nicht nur erklärlich, sondern geradezu unvermeidlich gewesen wäre; mag sein, daß in manchen Zweigen unseres Communalwesens viel Lehrgeld gezahlt worden ist, ehe man das Richtige traf, und gelegentlich auch wohl viel zu viel. Großartiges ist geleistet worden und wird geleistet im Armen= und Schulwesen; viel Anfechtung haben andere weitschichtige Unternehmungen gefunden, wie die Canalisation und die neuen Wasser= werke. Ob mit Recht oder Unrecht, sind technische Fragen, die hier nicht eingehend untersucht werden können, um so weniger, als sich der Kampf gegen den „Fortschrittsring" nicht sowohl gegen die technischen Einzelnheiten der städtischen Verwaltung, als gegen ihre factiöse Ver= quickung mit politischem Parteitreiben richtete. Nun, so ganz unbegründet sind auch diese Vorwürfe schwerlich; in den Fällen Dolfuß und Kantorowicz hat sich die Stadtverordnetenversammlung unbegreifliche Blößen gegeben und auch sonst sind unerquickliche Anfänge eines politischen Gevatter= schaftswesens auf dem berliner Rathhause erkennbar gewesen. Nur soll man die Dinge nicht übertreiben. Ganz lassen sich solche Erscheinungen ja niemals vermeiden; Gemeinde und Staat können nicht getrennt werden, wie Feuer und Wasser. Am lautesten ertönt das verdächtige Geschrei über die politische Vergiftung des communalen Lebens immer dann, wenn freisinnige Männer die Ruder der städtischen Gemeinwesen führen; als 1850 Manteuffel und Wrangel, deren communale Verdienste das schärfste Mikroskop nicht zu entdecken vermöchte, das berliner Ehrenbürgerrecht erhielten, hat sich kein „conservatives" Lamento etwa über einen „Reactionsring" erhoben. Zudem sind Mitglieder aller Parteien an der berliner Stadtverwaltung betheiligt und wenn die Mitglieder der Fortschrittspartei allerdings sehr stark überwiegen, so liegt das an dem sehr natürlichen und niemals zu beseitigenden Umstande, daß der Schwerpunkt der Selbstverwaltung in einer Millionenstadt immer in das Kleinbürgerthum fallen muß. Und wenn diese Schicht der Bevölkerung im städtischen Ehrendienste ihre hausbackene Ehrlichkeit und Tüchtigkeit glänzend bewährt, dann ist es wahrlich ein sehr erträg= liches Uebel, wenn der nicht sehr ideale und hochstrebende, sondern etwas beschränkt=philisterhafte Geist dieser Klasse auf das öffentliche Leben der Stadt auch in politischen Dingen stark abfärbt. Die berliner Abgeordneten in unsern Parlamenten gelten ja auch kein Quentchen mehr, als die Abgeordneten von Krotoschin und Schivelbein.

Nehme man aber alle diese Sachen so tragisch, als man wolle — die berliner Stadtverwaltung kann ja bekämpft werden und ist immer von zahlreichen Gegnern bekämpft worden; weshalb mit einem Male ein Vernichtungskrieg, der sie am liebsten mit Stumpf und Stiel ausrotten möchte? Findet man etwa pariser Zustände schöner? Und in der That — man braucht nur das Wort auszusprechen, so entschleiert sich das Bild von Sais. Diese wahnsinnigen Verleumdungen des Liberalismus als des „Manchesterthums", welches die Arbeiter am liebsten verhungern lassen möchte — waren sie nicht jämmerliche Copien der Schlagworte, mit denen bonapartistische Soldfedern die französischen Liberalen als arbeiterfeindliche „Bourgeois" anklagten? Herrn Stöckers schon angeführte Rede: „Wie die Soldaten im Feuer des Schlachtfeldes, stehen die Arbeiter im Feuer der Essen" — war sie nicht ein ödes Plagiat an dem bekannten Worte des dritten Napoleon, daß „die Invaliden der Werkstatt den Invaliden des Schlachtfeldes gleichgestellt werden müßten?" Diese „antifortschrittlichen" Candidaten — waren sie nicht eine politische Boheme, die das Herz eines Rouher hätte höher schlagen lassen? Nicht zwar als ob ich dem persönlichen Charakter dieser Männer etwas anhaben möchte; ich kenne sie nicht und es mögen im privaten Leben höchst achtbare und verehrungswürdige Leute sein, aber als öffentliche Charaktere? Dieser verabschiedete Leutnant, der von jüdischen und nichtjüdischen Wucherern gezwickt, dem modernen Staate einen furchtbaren Hannibalseid schwört; dieser „liberale" Journalist, der es vortheilhafter findet, den gouvernementalen Streber zu spielen; dieser „ultramontane" Federheld, der, als ein spanischer Banditenhäuptling einen deutschen Soldaten von 1870 gemeuchelt hatte, dem Mörder seine Feder lieh, um den Mord zu beschönigen und sich dafür mit einem carlistischen Adels- und Doctortitel behängen ließ; dieser steinreiche Großfabrikant, der als Bruder Handwerker im Hintergrunde der Bühne sich bewegte, und „unvorbereitet wie er sich hatte" auf theilnehmende Fragen nach seinen Schmerzen nur stumm duldend mit einer blinkenden Thräne über das „herzlose Capitel" antworten konnte! Und dann — das „antifortschrittliche" Hauptorgan! Die „Kreuzzeitung" und die „Germania" sind doch wahrhaftig noch nicht „liberal" angekränkelt, aber sie haben Gehirn im Kopfe und Knochen im Leibe; so waren sie unwürdig, den Segen zu sprechen über diesen gestaltlosen Brei und Schleim von Partei. Man gründete das „Deutsche Tageblatt," an dem bunt durcheinander „conservative", „liberale" und „ultramontane" Mitarbeiter wirkten und diese würdige Zeitung — wurde sie nicht in der Aufdonnerung ihres armseligen Inhalts durch einen bettelstolzen Dreschflegelstil eine nur noch ungleich geistlosere Nebenbuhlerin des jüngeren Cassagnac?*) Und

---

*) Andere publicistische Vorkämpfer der „antifortschrittlichen" Bewegung in Berlin und Breslau haben seinerzeit mit den Tuilerien in unmittelbarem Verkehr gestanden.

das Freiconcert und Freitheater am 2. September und 18. October — waren sie nicht das würdige Seitenstück zu den Feuerwerken und Freibühnen des Napoleonstages, nur daß jene beiden glorreichen Tage so unendlich hoch über dem 15. August stehen und ihre Herabzerrung in den Zank des Tages also um so kläglicher ist? Und dann — als ein junger Mann, der einen großen Namen mit geringer Würde trägt, der Bevölkerung von Berlin den blutigen Hohn ins Gesicht schleuderte, sie trage an der Hundesperre schwerer, als an dem kleinen Belagerungszustande, und darauf ein byzantinischer Kriecher über den Hieb mit der junkerlichen Reitgerte durch den Schrei quittirte, in diesem Sohne sei der Vater zum Volke herabgestiegen — konnte ein Mameluck des zweiten Kaiserreichs sich durch eine wüstere Gotteslästerung brandmarken? Und weiter — wenn „conservative" Versammlungen „deutscher" Männer an die Staatsregierung petitionirten, sie möchte die städtischen Körperschaften von Berlin aufheben und eine commissarische Verwaltung einführen, konnten — doch nein! Das konnten die bonapartistischen Demagogen nicht; ihre Vorfahren hatten ja schon unter dem ersten Napoleon die letzten Spuren der Stadtverwaltung von Paris beseitigt und unsere falschen Brüder machen sich jetzt erst an die Arbeit. Aber die solche Petitionen erließen, wollen „conservative" Männer sein? Lakaien sind es, elende Sclavenseelen, die ihrerseits in ihres Nichts durchbohrendem Gefühle ganz richtig fühlen mögen, daß sie mit der Peitsche regiert werden müssen, aber die sich wenigstens schämen sollten, sich „conservativ" zu nennen. Denn wenn es eine Partei giebt, die jeden Keim der Selbstverwaltung sorgsam hüten und pflegen müßte, so ist es die conservative.

Doch wozu diese traurigen Bilder weiter entrollen, die jedem aufrechten Mann, gehöre er welcher Partei immer an, die Röthe der Scham in die Wangen treiben müssen? Ginge es nur an, gern würfe man einen undurchdringlichen Schleier über das dunkelste Blatt in der berliner Geschichte. Aber die Gefahr war groß und sie kann wiederkehren. Es gilt, gerüstet zu bleiben. Denn man verhehle es sich nicht. — Methode war in dem Wahnwitz. Zunächst werden die beweglichen und entzündlichen Massen der Millionenstadt durch das dreifach bestillirte

---

Herr Otto de Grahl vom „Deutschen Patrioten" schickte regelrechte Bettelbriefe an den dritten Napoleon, während Herr Blankenburg von der „Schlesischen Zeitung" ihm allerdings nur ein Erzeugniß seiner Feder mit einem Begleitbriefe „im üblichen Curialstil" übersandte.

Gift der Judenfrage, durch einen Religions-, Rassen- und Klassenhaß zersetzt und zerwühlt; dann wird der Einfluß der liberalen Presse durch systematische Verleumbungen zu brechen gesucht und endlich geht man mit bohrendem Hasse gegen die freie Selbständigkeit der hauptstädtischen Bürgerschaft vor. Eine treffliche Maulwurfsarbeit fürwahr und nach allen Regeln der Minirkunst ausgeführt! Nicht zwar, als ob Herr Stöcker diesen Plan systematisch entworfen hätte! Du lieber Himmel, nein! Demagogen solchen Kalibers schieben nicht; die werden nur geschoben. Und derartige Pläne werden überhaupt nicht auf dem Papier entworfen. Die Dinge machen sich eben von selbst, denn wer das Ziel will, muß auch, gern oder ungern, die Mittel wollen, welche einzig und allein zum Ziele führen.

Nun, einstweilen hat Berlin seinen Mann gestanden. Es hat — nicht die conservative Partei, mancher conservative Mann stand aus echt conservativen Beweggründen, namentlich im zweiten Bezirke, wo Herr Stöcker selbst candidirte, in den liberalen Reihen, wohl aber — eine Volksbelästigungsrotte geworfen, deren Wahlsieg im Staate den Despotismus, in der Kirche das Muckerthum, in der Wissenschaft die tendenziöse Fälschung und in der nationalen Wirthschaft das schnödeste Sonderinteressenthum der Junker und Pfaffen bedeutet haben würde. Und auch das Land hat instinctiv den Hexensabbat in der Hauptstadt verstanden. Nichts thörichter, als den elastischen Aufschwung des liberalen Geistes auf die gehässigen und kleinlichen Beweggründe einer Manchesterpolitik zurückzuführen. Freilich, soviel haben jene Unsinnigen erreicht, daß heute die Fortschrittspartei die stärkste der liberalen Gruppen ist, ein Erfolg, der wenn es ihnen irgend welcher Ernst um die sociale Reform wäre, das gerade Widerspiel ihrer Bestrebungen sein würde. Denn das ist ja allerdings unbestreitbar, daß die Fortschrittspartei sich gegen ein starkes Eingreifen des Staats zu Gunsten der arbeitenden Klassen zäher sträuben wird, wie der gemäßigte Liberalismus. Je gemeiner und schmutziger die Waffen waren, mit denen die „Antifortschrittler" kämpften, um so mehr wurde eben der rechtliche Sinn des Volkes dahin gedrängt, der ungerecht angegriffenen Partei eine glänzende Genugthuung zu geben. Indeß es steht zu hoffen, daß sich die Fortschrittspartei über die Lage der Dinge nicht täuschen und ihren Erfolg nicht den manchesterlichen Resten zurechnen wird, die noch in ihr stecken mögen. Vielmehr — der Wahrspruch des 27. October fiel für die sociale Reform und nur gegen die sociale Dictatur. Das deutsche

Volk will die sociale Reform, aber in seiner großen, in seiner überwältigenden Mehrheit will es sie n u r als eine organische Fortbildung unserer gesetz- und verfassungsmäßigen Einrichtungen, will es sie n i ch t als eine bureaukratisch-centralistische Rückbildung unseres öffentlichen Rechts, die am letzten Ende, wie das französische Beispiel zeigt, den großen Gedanken der Selbstverwaltung zum furchtbarsten Feldgeschrei der socialen Revolution machen würde. Und wenn anders freundliche Sterne unseren vaterländischen Geschicken winken, wird hinter diesem Willen immerdar eine unzerbrechliche Kraft stehen.

IX.
Herr Stöcker der Demagoge.

Damit wäre die demagogische Wirksamkeit des Herrn Hofpredigers Stöcker in allen ihren Verzweigungen geschildert und untersucht, ihr socialpolitisches W e s e n mit derjenigen concreten Schärfe festgestellt, die bei der verschwommenen Natur des ganzen Beginnens überhaupt erreichbar und möglich ist. Es sind dabei auch die nothwendigen Streiflichter auf ihre F o r m gefallen, auf die M e t h o d e, in welcher Herr Stöcker die Massen bearbeitet, doch erübrigt noch die Beleuchtung eines sehr interessanten Gesichtspunkts, welcher gewissermaßen das Tipfelchen über dem i bildet, die Erörterung der Frage nämlich, ob die Massenagitation Stöckers bildender und sittlichender, oder vielmehr weniger verbildend und entsittlichend auf das Volk wirkt, wie die socialdemokratische Agitation. Ist diese Frage zu bejahen, so wäre immerhin ein starker Milderungsgrund vorhanden, auf den Herr Stöcker pochen könnte.

Bei Beleuchtung dieses Gesichtspunktes kann zunächst, zwar nicht von verständigen Lesern, aber wohl von unverständigen Gegnern eingeworfen werden: „Was? Herr Stöcker kämpft für Gottesfurcht und Königstreue und die Socialdemokraten für den allgemeinen Umsturz! Welche Treulosigket, beide Agitationen auf dieselbe Linie zu stellen!" Nun, was Herrn Stöckers Kampf für das Christenthum angeht, so ist darüber ja schon gesprochen worden; selbst wenn es die Pflicht der evangelischen Geistlichkeit sein sollte, den Leuten, welche nicht in die Kirche kommen, um erbauliche Predigten zu hören, in die Kneipe nachzulaufen, um sie durch Lästern und Schimpfen zu unterhalten, so würde die Art, wie es in den Versammlungen Stöcers zugeht, doch nur an das Wort aus dem „Faust" erinnern: „Laß unsern Herrgott aus dem Spaß." Und was die Agitation Stöcers für die Monarchie anbetrifft, so ist dieselbe einfach als ein politischer Frevel nachgewiesen worden; jeder ernste Vaterlandsfreund kann nur aus tiefstem Herzensgrunde wünschen, daß niemals die entsetzliche und schreckliche Zeit über Deutschland hereinbreche, in welcher unser nationales Königthum vor den Bierreden des Hofpredigers Stöcer und den Tanzgeldern des Schnittwaarenhändlers Herzog als seinen letzten Ankern treibt.

Die Ziele an und für sich entscheiden eben nicht über die geistigen und sittlichen Wirkungen einer politischen Agitation. Man kann die edelsten und reinsten Ziele mit den schmutzigsten Waffen verfolgen, wie denn jene kläffende Meute von Hallunken, die in den funfziger Jahren gegen die liberalen Parteien gehetzt wurde, die Ohm, Goedsche, Piersig und wie sie sonst hießen, gleichfalls für Gottesfurcht und Königstreue zu streiten vorgab. Oder man kann auch die bedenklichsten und zweifelhaftesten Ziele in der edelsten und reinsten Weise erstreben, wie es beispielsweise auf socialpolitischem Gebiete Owen, St. Simon, Robbertus gethan haben. Lessing drückte in seiner classischen Weise diesen Gedanken gegen einen Stöcer des achtzehnten Jahrhunderts einmal so aus: „Ein Mann, der Unwahrheit unter entgegengesetzter Ueberzeugung, in guter Absicht, ebenso scharfsinnig als bescheiden durchzusetzen sucht, ist unendlich mehr werth, als ein Mann, der die beste, edelste Wahrheit aus Vorurtheil mit Verschreiung seiner Gegner auf alltägliche Weise vertheibiget." Oder um ein nächstliegendes Beispiel zu wählen, das Socialistengesetz richtet bekanntlich seine Spitze nicht gegen die socialistischen Ziele, welche in wissenschaftlicher und würdiger Weise zu verfolgen, nach wie vor gestattet ist, sondern gegen die Methode, welche die communistische Partei zu ihrer Erreichung anwandte und um eben diese Methode im Sinne des Socialistengesetzes soll es sich bei der nachfolgenden Vergleichung der christlich-socialen und der socialdemokratischen Agitation handeln, natürlich nicht nach der polizeilich-strafrechtlichen, sondern nach der historisch-politischen Seite hin; es ist einfach zu erörtern, welche der beiden Agitationen entsittlichender und verwildernder auf die Massen wirken muß.

Bei der Prüfung einer agitatorischen Methode müssen nun drei wesentliche Gesichtspunkte betrachtet werden: das Actionsprogramm, die ganze Weltanschauung und die Organisation der betreffenden Partei.

Was es mit dem christlich-socialen Programm auf sich hat, wurde bereits ausführlich gezeigt; es ist eitel Lug und Trug, es springt wie ein possirlicher Affe von einem Zweig auf den andern, es will heute das Tabaksmonopol und will es morgen nicht, es macht aus „Arbeiterschutz" mit einer einzigen Bewegung aus dem Handgelenk „Schutzzoll", kurzum es kann nur die grauenvollste Geistesverwirrung in den Massen hervorrufen. Das socialdemokratische Programm seinerseits hat auch oft die Farbe gewechselt, hat mit demagogischer Berechnung zwischen dem unterschieden, was man dem „Mob" bieten dürfe und was nicht, aber e i n e n Grundgedanken hat es immer mit unverrückbarer Zähigkeit festgehalten: den Gedanken, den arbeitenden Klassen auf dem Wege des allgemeinen Stimmrechts die politische Herrschaft über den Staat zu verschaffen. Und daß dieser Grundgedanke, so verwerflich er an sich ist, zu so schweren Ausschreitungen er schließlich geführt hat, doch auch eine geistig und sittlich hebende Kraft enthalten kann, haben wahrlich die drei, seit Erlaß des Socialistengesetzes verflossenen Jahre gezeigt. Was die socialdemokratische Partei in dieser Zeit getragen hat, ohne zu zerbrechen, was sie gethan hat, um für die Familien der aus Berlin, Hamburg, Leipzig ausgewiesenen Mitglieder zu sorgen 2c., das alles erforderte ein ganz anderes Maß von geistigen und sittlichen Eigenschaften, als nothwendig ist, um auf Kosten des Schnittwaarenhändlers Herzog bei Pauken- und Trompetenschall Hurrah zu schreien und eine leere Spreu von Phrasen zu dreschen.

Zweitens die Weltanschauungen beider Agitationen unterscheiden sich nach ihrer geistigen Pflege, wie sich ein Ackerfeld von einem Sumpfe unterscheidet. Zwar in der socialdemokratischen Partei gab es auch Stimmen, welche es nach der Methode der Stöcker und Todt für genügend hielten, daß junge Leute mit „starker und deutlicher Stimme", „die sich die nöthigen Kenntnisse schnell aneignen könnten", schwatzend und ewig schwatzend in der weiten Welt wie Irrwische umherzögen, um die Lehren der Partei zu verbreiten. Aber diese Stimmen drangen schließlich nicht durch gegen andere, ernstere Männer, die nach langen inneren Kämpfen*) es durchsetzten, daß die mündliche Agitation, die schließlich Sprecher und Hörer nur gleichmäßig verdumme, möglichst eingeschränkt und dafür eine Literatur geschaffen werde, welche die Weltanschauung der Socialdemokratie ausführlich entfalte und die Arbeiter zum Selbstdenken anrege. Nun,

---

*) Vergl. darüber Karl Hirsch, die Parteipresse, ihre Bedeutung und Organisation.

diese Literatur ist geschaffen worden und sie war schließlich keine verächtliche Leistung. Voll von Entstellungen, Hetzereien, Unwahrheiten, wie sie freilich war, enthielt sie doch auch vieles recht Lehrreiche, in den Schriften von Engels, Lassalle, Marx sogar hoch bedeutsame Werke. Die Partei hatte ja auch ihre „Herzogs", aber diese Leute verschleuderten ihr Geld nicht in Tanz- und Trinkgeldern, sondern schufen dafür wissenschaftliche Zeitschriften, wie die „Neue Gesellschaft" und die „Zukunft", die viel Verfehltes enthalten mochten, aber doch in jedem Blatte noch unendlich mehr socialpolitische Weisheit auskramten, als Herr Stöcker während seiner ganzen Agitation auszukramen für gut befunden hat. Und daß diese socialdemokratische Literatur nicht blos aufhetzend und zerstörend, sondern im gewissen Sinn auch bildend und erziehend auf die Arbeiter wirken mußte, liegt nicht nur auf der Hand, sondern ist auch hundertfach bezeugt worden. Ich will hier nur einen vollkommen berufenen und unparteiischen Urtheiler darüber sprechen lassen; Karl Roscher schrieb als Secretär der Gewerbe- und Handelskammer von Zittau in seiner schon mehrfach angezogenen Schrift: „Bei der von Reichswegen veranstalteten Enquete betreffs der Arbeiterverhältnisse hatte ich in Zittau die Socialdemokraten zu vernehmen und besuchte dreimal ihre Vereinsabende. Bei einer dieser jedesmal 3 bis 3½ Stunden währenden Besprechungen äußerte ein einfacher Bergarbeiter, Douais „A-B-C des Wissens" habe er viermal genau durchlesen müssen, ehe er es verstanden, jetzt verstehe er es aber auch vollständig."*) Und Roscher fügt sehr treffend hinzu: „So ringen nur ernste Menschen nach ernsten Zielen. So müht sich nur einer, der als Preis seiner Anstrengung eine wirkliche Beruhigung seiner Seele erhofft." Das heißt den Nagel auf den Kopf treffen, aber nun versuche man sich einen Arbeiter vorzustellen, der aus Stöcker's Judenreden eine „wirkliche Beruhigung der Seele" schöpfen will. Und außer diesem nebst ein paar ähnlichen Machwerken, dazu einer Reihe loser Schimpf-Flugblätter so armseliger Natur, wie sie die socialdemokratische Agitation gelegentlich auch veröffentlicht, aber niemals in ihr Parteischriftenverzeichniß aufgenommen hat, ist auch nicht ein armer Fetzen Papier bedruckt, der den Massen in irgend einigem Zusammenhange die christlich-sociale Weltanschauung darzulegen versucht. Immer und immer nur dies breiige, schleimige Gewäsch, das den einzigen, nach Ansicht der Herren Stöcker und Todt ja auch genügenden

---

*) Karl Roscher, Betheiligung ꝛc. 5.

Vorzug hat, mit „starker und deutlicher Stimme" vorgetragen zu werden! Endlich was die Organisation anbetrifft, so weiß alle Welt, wie Vollendetes die socialdemokratische Agitation nach dieser Richtung geschaffen hat; es ist so allgemein anerkannt, daß darüber kein Wort weiter verloren zu werden braucht. Eher könnte man sagen, diese Organisation sei ja eben das Gefährliche an der socialdemokratischen Bewegung und es sei nichts daran anzuerkennen. Nun dagegen ist zu sagen, daß erstens eine solche Organisation niemals möglich ist ohne eine gewisse geistige und sittliche Anspannung ihrer Mitglieder und daß zweitens, wenn einmal eine revolutionäre Partei besteht, ihre straffe Organisation ein verhältnißmäßiger Vorzug ist, eben weil sie gewisse geistige und sittliche Bürgschaften bietet. Unser Vaterland wird, so Gott will, niemals diesen verhältnißmäßigen Vorzug zu erfahren haben; andere Länder aber haben ihn erprobt. Beispielsweise Frankreich. Meines Wissens hat zuerst F. A. Lange, der einen feinen und scharfen Blick für das Leben der Massen hatte, auf diesen Gesichtspunkt hingewiesen, indem er schrieb: „Der Arbeiter, welcher irgend einem communistischen Systeme anhängt, wird bei einer allgemeinen Erschütterung der Gesellschaft zuerst daran denken, eine provisorische Regierung zu bilden, während der conservative Proletarier schon ganz munter demolirt oder plündert".*) Lange weist dabei auf die pariser Commune hin und nach meinen mehrjährigen Studien über diesen Aufstand kann ich nur bestätigen, und hoffe es demnächst ausführlich in streng actenmäßiger Form nachzuweisen, daß die leidliche Ordnung, welche während der eigentlichen Herrschaft der Commune, d. h. vom 28. März, ihrem ersten, bis zum 21. Mai, ihrem letzten Sitzungstage, in Paris herrschte, wesentlich den zwanzig Mitgliedern der Internationalen, die im Stadthause saßen, b. h. der organisirten Socialdemokratie zu danken war und daß die Ordnung noch größer gewesen wäre, wenn diese zwanzig Leute nicht eben doch nur eine verhältnißmäßig kleine Minderheit unter den achtzig Mitgliedern des revolutionären Gemeinderaths gebildet hätten. Die wirklichen Greuel des Aufstandes sind entweder vor dem 28. März vorgefallen, wie die Ermordung der Generale Lecomte und Thomas, das Gemetzel auf dem Vendomeplatze ꝛc., oder nach dem 21. Mai, wie die Erschießung der Geiseln, die großen Brandstiftungen der siebentägigen Straßenschlacht ꝛc. An diesen Schandthaten war die Internationale vollkommen unschuldig,

---

*) Lange, Arbeiterfrage 290, 326.

hauptschuldig aber der „conservative", vom zweiten Kaiserreiche gezüchtete Pöbel. Nach solchen Erfahrungen wird man es nicht gut bestreiten können, daß wenn einmal socialer Haß und Neid in den Massen gährt, ihre straffe Organisation gewissermaßen mäßigend und mildernd wirkt. Was bietet aber die christlich-sociale Agitation nach dieser Richtung? Nichts, rein gar nichts. Hin und wieder schleudert Herr Stöcker eine dunkle Phrase hin über die Zahl der Mitglieder, — nach seiner neuesten Behauptung sollen ihrer drei- bis viertausend sein; die anderen vierzigtausend, die ihm bei den Wahlen folgten, waren also nicht einmal „christlich-social", sondern die reinen Judenhetzer und Spectakelmacher —, über eine Spar- und Vorschußkasse, über ein neues Local und ähnliches, Redensarten, die in ihrer düstern Allgemeinheit eben nur beweisen, daß eine halbwegs durchgreifende Organisation der Partei gar nicht besteht. Sieht man selbst von der Socialdemokratie ganz ab, man blicke doch nur einmal auf die Agitation anderer socialpolitischer Gruppen, wie der feudalen Agrarier und der fortschrittlichen Gewerkvereinler. Ja, diese Leute geben sich die redlichste Mühe, sich und der Welt klar zu machen, was sie denn eigentlich wollen; sie halten ihre Congresse, ihre Generalversammlungen ab, veröffentlichen unter allgemeiner Controle Mitgliederziffern, Kassenbestände 2c., nehmen bestimmte Stellung zu den großen Tagesfragen, geben ihre Schriften heraus, in welchen sie eingehend ihren socialpolitischen Standpunkt erörtern, suchen mit einem Worte, ganz bestimmt und klar sich im Lichte der Oeffentlichkeit von andern Bestrebungen abzugrenzen und selbständig in sich zu gestalten. Alles das fehlt in dem christlich-socialen Chaos. Hier ist nichts, als ein molluskenhaftes, schwammiges Gewächs, das auch nicht die Spur einer organischen Bildung an sich trägt.

Darnach ist es keine Behauptung liberalen Parteihasses, sondern eine nackte und nüchterne Thatsache, daß die demagogische Methode der christlich-socialen Agitation nach ihren geistigen und sittlichen Wirkungen noch tief unter der demagogischen Methode der socialdemokratischen Agitation steht. Die letztere hat auch die Massen zersetzt und zerwühlt, zerrieben und zerstäubt, aber sie hat sich bemüht, gewisse Grenzen und Schranken inne zu halten. Dies Bemühen ist nicht aufrichtig und streng genug gewesen, um die Agitation nicht doch entgleisen zu lassen; dafür hat die Partei eine harte und schwere Buße zu tragen. Immerhin ist es ihr fünfzehn Jahre lang gelungen, die entfesselten Leidenschaften der Massen einigermaßen wieder zu zügeln, während die christlich-sociale

Agitation schon im vierten Jahre ihres Bestehens, um mit Lange zu sprechen, der darüber schwerlich in christliche „Hoffnungstriller" und „Jubeltöne" ausgebrochen wäre, den „conservativen Proletarier munter demoliren und plündern" läßt. Vorhin habe ich selber ausdrücklich hervorgehoben und wiederhole es hier nachdrücklich, daß über die hinterpommerschen Judencrawalle viel gelogen worden ist, aber allerdings — genug Schändliches und Schimpfliches bleibt daran übrig, um gegen den Hofprediger Stöcker zum Himmel zu schreien.

Doch was kehrt sich dieser Mann daran! Er hetzt und schimpft weiter, als wäre nichts geschehen. Niemals auch war ein socialdemokratischer Demagoge so unfähig zu sachlichen Erörterungen wie er; will er mit liberalen Politikern und Zeitungen nicht streiten, nun wohl, er hat ja auch sehr ehrenwerthe und zahlreiche Gegner in seiner Partei, in seiner Kirche bis zum Oberkirchenrath hinauf; er weiß ja und das ganze Land weiß es, wie hoch und weit die Gegnerschaft gegen seine socialpolitische Agitation reicht. Nichts da! Wer ihm widerspricht, ist kurzweg ein Schurke. So sagte er in seinem letzten Conventikel: „Ich mache mir nur etwas aus dem Urtheil meiner Freunde; auf dasjenige meiner Gegner lege ich gar keinen Werth. Und da möchte ich Ihnen empfehlen, machen Sie es wie ich; sagen Sie, das ist ja nur Lumpengesindel." Wie weit diese Infamie griff, läßt sich öffentlich nicht einmal andeuten; selbst der „Reichsbote" schämte sich ausnahmsweise und druckte sie nicht ab. Andere Blätter aber thaten es und als Herr Stöcker sah, was er angerichtet hatte, legte er sich, wie üblich, aufs Leugnen, wurde aber auch, wie üblich, der Unwahrhaftigkeit überführt. Diesmal sogar durch ein conservatives Blatt, das ihm sonst eine unverdiente Nachsicht zu gewähren pflegt.*)

Doch bei dieser neuesten Lüge des großen Mannes will ich geschwind schließen. Wartete ich noch einen Tag, wären sechs neue da und ich für meinen Theil bin der Herkules nicht, diesen Augiasstall auszufegen. Zwar sehe ich, daß ich kaum den dritten Theil des Materials verarbeitet habe, das ich mir zurechtgelegt hatte, indessen die Zeit, welche ich dieser Arbeit widmen konnte, ist längst abgelaufen und zudem — wen ich nicht durch die vorstehenden Ausführungen überzeugt habe, den zu überzeugen müßte ich doch aufgeben. Herrn Hofprediger Stöcker selbst — ich wiederhole es — will ich so wenig bekehren, wie ich es kann;

---

*) Post No. 319 vom 20. November 1880.

hetze und schimpfe er fortan wie bisher, treibe er sein Wesen weiter, bis es bricht; er, der „theure Gottesmann", der „zweite Luther", die „Perle des deutschen Volkes", oder wie ihn sonst blasphemische Speichellecker nennen; in Wahrheit er, der Mann mit der eisernen Stirn und der gespaltenen Zunge, bewaffnet wie er ist mit der ganzen Unwissenheit seines Jahrhunderts, vergiftet bis in die innerste Aber vom Geiste der Unwahrhaftigkeit, ein erschreckendes und erschütterndes Beispiel, was Eitelkeit, Größenwahn und der frevelhafte Versuch, die ernstesten Interessen des Arbeiterstandes zu einem zweischneidigen Schwerte für junkerliche und pfäffische Herrschsucht zu schmieden, aus einer ursprünglich vielleicht edlen und wohlmeinenden Natur gemacht haben!

Nachwort.

Indem ich den letzten Revisionsbogen lese, finde ich in den Zeitungen die anscheinend gut beglaubigte Nachricht, daß der Reichskanzler in der Unfallversicherungsfrage den genossenschaftlichen Weg zu beschreiten gewillt ist. Bestätigt sich diese Meldung wirklich, so kann sie von jedem ehrlichen Vaterlandsfreunde, dem die sociale Reform hoch über dem verworrenen Parteitreiben der Gegenwart steht, nur freudig begrüßt werden. Aber freilich wird man sich selbst dann hüten müssen, diesen ersten Schritt des Entgegenkommens zu überschätzen. Ob Fürst Bismarck gleichfalls auf den Reichszuschuß verzichten will, ist noch völlig unklar; von einer Seite wird es behauptet, von andern und jedenfalls besser unterrichteten Seiten bestritten. Zudem soll der Reichskanzler die Bildung von Unfallversicherungsgenossenschaften auf die Arbeitgeber beschränken wollen, was den socialpolitisch fruchtbarsten Kern dieser Reformmaßregel von vornherein vernichten würde.

Indessen solche und ähnliche Bedenken können ein lebhaftes Gefühl der Genugthuung über diese Wendung in der Socialpolitik der Reichsregierung um so weniger unterdrücken, als in derartigen Dingen der erste Schritt immer der schwerste ist. Auch die neuesten Versuche der Fortschrittspartei, auf dem Boden der bestehenden Haftpflichtgesetzgebung durchgreifende Hilfe zu schaffen, vermögen daran nichts zu ändern, so sehr diese Versuche an sich anzuerkennen sind und so sehr sie in erfreulicher Weise bestätigen, daß die Fraction den geschichtlichen Sinn des 27. October wohl verstanden hat und ehrlich zu beherzigen gewillt ist. Ein Widerstreben ihrerseits gegen den genossenschaftlichen Weg ist hoffentlich um so weniger zu erwarten, als dabei von einer unzulässigen Einmischung des Staats in die wirthschaftliche Entwickelung ganz und gar nicht gesprochen werden kann; es läge eben nur die weitere Durchführung eines in der Reichsgesetzgebung bereits geltenden Grundsatzes vor, denn bekanntlich muß schon jetzt jeder Arbeiter einer eingeschriebenen Hilfskasse zugehören.

Die Gründe, weshalb eine Erweiterung und Verbesserung des bestehenden Haftpflichtgesetzes niemals durchgreifend helfen wird, habe ich im fünften Abschnitte dieser Schrift angedeutet. Ich will nur noch hinzufügen, daß die dort von mir auf Grund der früheren Jahresberichte der Fabrikinspectoren rückhaltlos gelobte Versicherung gegen alle Unfälle, welche viele unserer Fabrikanten aus höchst anerkennenswerthen Gründen ihren Arbeitern angedeihen lassen, neuerdings doch auch schon wieder nach den Jahresberichten der gedachten Beamten für 1880 dunkle Schattenseiten zeigt. Wenn die Versicherung für nichthaftpflichtige Fälle überhaupt wirksam sein soll, so müßte sie in der annähernden Höhe der Entschädigungen für haftpflichtige Fälle erfolgen; dies geschieht aber gemeiniglich nicht, weil die Versicherungsbeiträge auch für sehr reiche Unternehmer unerschwinglich werden würden. Die Versicherung gegen alle Unfälle erfolgt vielmehr gewöhnlich auf sehr mäßige und völlig ungenügende Summen, wie namentlich der Fabrikinspector für das Großherzogthum Baden hervorhebt. Manche Versicherungsgesellschaften gehen aber nur noch Versicherungen für beide Arten von Unfällen ein, um dann leichter alle Unfälle als nicht haftpflichtige behandeln und alle, auch die haftpflichtigen, mit einer geringen Entschädigung erledigen zu können. Hier thut sich also eine neue Hinterthür auf, die Haftpflicht unwirksam zu machen. Ueberhaupt hat der Versuch des Reichskanzlers, die Unfallversicherung staatlich zu monopolisiren und die aus diesem Versuche entfließenden, wie gewöhnlich, sehr plumpen Angriffe der officiösen Federn auf die Versicherungsgesellschaften den letzteren einen Glorienschein gegeben, den sie denn doch vielfach nicht verdienen. So gewiß es viele Körperschaften dieser Art giebt, welche in solider und würdiger, durchaus tabelloser Weise ihren Verpflichtungen nachkommen, so gewiß giebt es deren auch, die durch rücksichts- und oft selbst schamlose Plus=

macherei viel Unheil augerichtet haben; darüber geben seit einem halben Jahrzehnt die Berichte der Fabrikinspectoren wahrlich sehr traurige Aufschlüsse. Die Unfallversicherung ist eine Frage der öffentlichen Sittlichkeit und des öffentlichen Wohls, welche niemals allein nach den kargen Maßstäben des formalen und geschäftsmäßigen Rechts entschieden werden kann, sondern auch nach Rücksichten der Billigkeit und der menschlichen Nächstenliebe beurtheilt werden muß; daraus ergiebt sich meines Erachtens unwiderleglich, daß die allgemeinen Grundsätze ihrer Regelung vom Staate festzustellen sind, während die Anwendung dieser Grundsätze auf die einzelnen Fälle der Selbsthilfe der nächstbetheiligten Kreise als der nach menschlichem Ermessen gerechtesten und einsichtigsten Instanz überlassen werden muß.

Noch will ich bemerken, daß wenn sich jene Ansicht des Reichskanzlers verwirklichen und Herr Stöcker nunmehr triumphiren sollte, sein Programm würde von der Regierung durchgeführt, er natürlich nicht entlastet, sondern nur doppelt gerichtet sein wird. Gerichtet nicht von Gott, denn ich maße mir nicht an, wie er sich dessen in offener Landtagssitzung zu thun nicht entblödet hat, politische Gegner im Namen Gottes zu verfluchen, aber wohl von jedem ehrlich und rechtlich denkenden Menschen. Denn so lange der Reichskanzler an der bureaukratisch-centralistischen im Gegensatze zur genossenschaftlichen Regelung der Unfallversicherungsfrage festhielt, hat Herr Stöcker die bezüglichen Forderungen seines Programms einfach mit Füßen getreten. Das ist ja eben die Sünde seiner Sünden, daß er seine christlich-sociale Agitation ohne Gottes-, aber mit Menschenfurcht treibt. Hätte er nur einen Funken lutherischen Geistes, suchte er das Wohl der Arbeiter zu fördern nach bestimmten, festen, klaren Grundsätzen, wären dieselben noch so conservativ und orthodox, würden sie mit noch so viel leidenschaftlicher Heftigkeit gegen die liberale Weltanschauung verfochten, so würde ich für meinen Theil wenigstens trotz aller politischen und socialen Gegnerschaft seinen Namen ebenso dankbar und freudig aussprechen, als ich ihn auf den vorstehenden Seiten bitter und verächtlich zu nennen gezwungen gewesen bin.

Druck von Carl Schünemann. Bremen.